Eventos en Fitness seco y acuático

Mª Ángeles Raya Rodríguez

José María Vegas Castillo

ic editorial

Eventos en Fitness seco y acuático
© Mª Ángeles Raya Rodríguez
© José María Vegas Castillo

1ª Edición

© IC Editorial, 2025

Editado por: IC Editorial
c/ Cueva de Viera, 2, Local 3
Centro Negocios CADI
29200 Antequera (Málaga)
Teléfono: 952 70 60 04
Fax: 952 84 55 03
Correo electrónico: iceditorial@iceditorial.com
Internet: www.iceditorial.com

ISBN: 978-84-1184-575-5
Depósito Legal: MA 145-2025

Impresión: PODiPrint
Impreso en Andalucía – España

Nota de la editorial: IC Editorial pertenece a Innovación y Cualificación S. L.

Presentación del manual

El **Certificado de Profesionalidad** es el instrumento de acreditación, en el ámbito de la Administración laboral, de las cualificaciones profesionales del Catálogo Nacional de Cualificaciones Profesionales adquiridas a través de procesos formativos o del proceso de reconocimiento de la experiencia laboral y de vías no formales de formación.

El elemento mínimo acreditable es la **Unidad de Competencia.** La suma de las acreditaciones de las unidades de competencia conforma la acreditación de la competencia general.

Una **Unidad de Competencia** se define como una agrupación de tareas productivas específica que realiza el profesional. Las diferentes unidades de competencia de un certificado de profesionalidad conforman la **Competencia General,** definiendo el conjunto de conocimientos y capacidades que permiten el ejercicio de una actividad profesional determinada.

Cada **Unidad de Competencia** lleva asociado un **Módulo Formativo,** donde se describe la formación necesaria para adquirir esa **Unidad de Competencia,** pudiendo dividirse en **Unidades Formativas.**

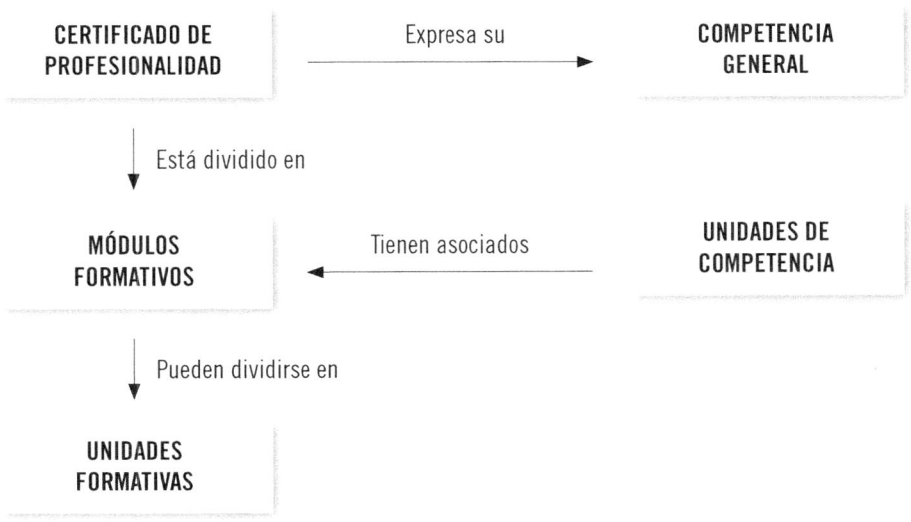

El presente manual desarrolla la Unidad Formativa **UF1709: Eventos en Fitness seco y acuático,**

perteneciente a los Módulos Formativos:

- **MF0274_3: Programación específica SEP**
- **MF0275_3: Actividades de acondicionamiento físico,**

asociados a las unidades de competencia:

- **UC0274_3: Programar las actividades propias de una Sala de Entrenamiento Polivalente (SEP), atendiendo a criterios de promoción de la salud y el bienestar del usuario**
- **UC0275_3: Instruir y dirigir actividades de acondicionamiento físico con equipamientos y materiales propios de Salas de Entrenamiento Polivalente (SEP),**

del Certificado de Profesionalidad **Acondicionamiento físico en sala de entrenamiento polivalente.**

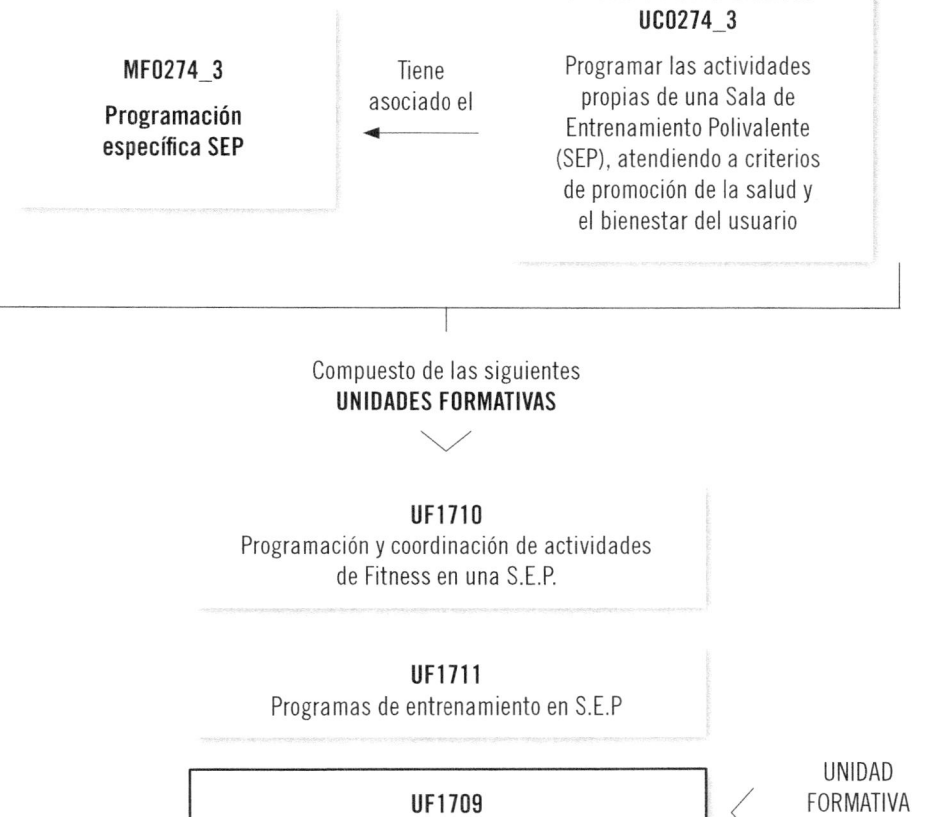

MF0274_3

Programación específica SEP

Tiene asociado el

UNIDAD DE COMPETENCIA
UC0274_3

Programar las actividades propias de una Sala de Entrenamiento Polivalente (SEP), atendiendo a criterios de promoción de la salud y el bienestar del usuario

Compuesto de las siguientes
UNIDADES FORMATIVAS

UF1710
Programación y coordinación de actividades de Fitness en una S.E.P.

UF1711
Programas de entrenamiento en S.E.P

UF1709
Eventos en Fitness seco y acuático

UNIDAD FORMATIVA DESARROLLADA EN ESTE MANUAL

MF0275_3

Actividades de acondicionamiento físico

Tiene asociado el

UNIDAD DE COMPETENCIA UC0275_3

Instruir y dirigir actividades de acondicionamiento físico con equipamientos y materiales propios de Salas de Entrenamiento Polivalente (SEP)

Compuesto de las siguientes
UNIDADES FORMATIVAS

UF1712
Dominio técnico, instalaciones y seguridad en S.E.P

UF1713
Dirección y dinamización de actividades de entrenamiento en S.E.P

UF1709
Eventos en Fitness seco y acuático

UNIDAD FORMATIVA DESARROLLADA EN ESTE MANUAL

FICHA DE CERTIFICADO DE PROFESIONALIDAD

(AFDA0210) ACONDICIONAMIENTO FÍSICO EN SALA DE ENTRENAMIENTO POLIVALENTE (R. D. 1518/2011, de 31 de octubre)

COMPETENCIA GENERAL: Programar, dirigir e instruir actividades de acondicionamiento físico, con los elementos propios de una Sala de Entrenamiento Polivalente (SEP) ya sean máquinas de musculación, máquinas cardiovasculares, barras, discos, halteras, aparatos o implementos simples, realizando la determinación inicial y periódica de la condición física, biológica y motivacional de los usuarios, con un nivel de calidad óptimo tanto en el proceso como en los resultados y siempre desde la observancia y promoción de la salud y el bienestar.

Cualificación profesional de referencia		Unidades de competencia	Ocupaciones o puestos de trabajo relacionados:
AFD097_3 ACONDICIONAMIENTO FÍSICO EN SALA DE ENTRENAMIENTO POLIVALENTE (R. D. 295/2004, de 20 de febrero, actualizado por R. D. 1087/2005, de 16 de septiembre; modificado por R. D. 1521/2007, de 16 de noviembre y actualizado por R. D. 146/2011, de 4 de febrero)	UC0273_3	Determinar la condición física, biológica y motivacional del usuario	• 3723.1031 Monitor/a de aparatos de gimnasio • 3723.1086 Entrenador/a de acondicionamiento físico en las SEPs de gimnasios o polideportivos • 3723.1086 Preparador/a Físico/a • 3723.1086 Entrenador/a personal • Promotor/a de actividades de acondicionamiento físico • Animador/a de actividades de acondicionamiento físico • Coordinador/a de actividades de "Fitness" • 3723.1086 Técnico de apoyo en la preparación física de deportistas • Instructor/a de las actividades anteriores para colectivos especiales
	UC0274_3	Programar las actividades propias de una Sala de Entrenamiento Polivalente (SEP), atendiendo a criterios de promoción de la salud y el bienestar del usuario	
	UC0275_3	Instruir y dirigir actividades de acondicionamiento físico con equipamientos y materiales propios de Salas de Entrenamiento Polivalente (SEP)	
	UC0272_2	Asistir como primer interviniente en caso de accidente o situación de emergencia	

Correspondencia con el Catálogo Modular de Formación Profesional

Módulos certificado	Unidades formativas	Horas
MF0273_3: Valoración de las capacidades físicas	UF1703: Aplicación de tests, pruebas y cuestionarios para la valoración de la condición física, biológica y motivacional	90
	UF1704: Tratamiento de datos de una batería de tests, pruebas y cuestionarios de valoración de la condición física, biológica y motivacional	40
	UF1710: Programación y coordinación de actividades de Fitness en una S.E.P.	30
MF0274_3: Programación específica SEP	UF1711: Programas de entrenamiento en S.E.P	70
	UF1709: Eventos en Fitness seco y acuático	30
	UF1712: Dominio técnico, instalaciones y seguridad en S.E.P	80
MF0275_3: Actividades de acondicionamiento físico	UF1713: Dirección y dinamización de actividades de entrenamiento en S.E.P	90
	UF1709: Eventos en Fitness seco y acuático	30
MF0272_2: Primeros auxilios		40
MP0367: Módulo de prácticas profesionales no laborales		120

Índice

Capítulo 1

Eventos característicos en *fitness* seco y acuático

Contenido

1. Introducción

Ya desde la antigüedad existía el ocio, el deporte y el juego tanto cooperativo-competitivo como recreativo. A medida que ha ido pasando el tiempo, tanto los deportes como los eventos relacionados con estos han ido evolucionando y han tomado más fuerza, incrementando la importancia de los eventos, dentro mundo del *fitness.*

Mirando hacia el futuro, lo que prima actualmente es el derecho a pasarlo bien y disfrutar mientras se practica actividad física, buscando el ocio y la recreación y buscando en la medida de lo posible la satisfacción personal de las personas que lo practican. Pero, ¿qué son? ¿Y para qué sirven? Estas son algunas de las preguntas que intentarán responder a lo largo de este manual.

2. Concepto, características y momento de aplicación de los distintos eventos en el ámbito del *fitness*

Antes de comenzar la lectura, se hace necesario delimitar los conceptos **evento** y *fitness.* Ambos tienen distintos significados dependiendo del contexto en el que se utilicen. Se verá a continuación cada una de las acepciones que ambos términos contienen, para así comprender mejor la naturaleza de este manual.

La palabra **evento** proviene del latín *eventos,* que alude a "lo que ha venido", a aquello "cuya llegada afecta (más o menos) a una persona o comunidad" (Ferrand, 2007). Según la RAE, un evento es un hecho imprevisto, un acontecimiento, aunque la que más interesa es aquella acepción que describe evento como un "suceso importante y programado, de índole social, académica, artística o deportiva". Otra definición referente a evento es la que también hace Ferrand, A. y que es la siguiente: "es un espacio donde se reúnen hombres y mujeres en una especie de celebración colectiva, para asistir a un espectáculo deportivo o cultural".

En relación a esto, se debe fijar la atención en que es algo no habitual, fijado para una fecha concreta y que no se deja al azar, sino que está meditado y proyectado. Evidentemente, la índole de los eventos que se van a planificar aquí es deportiva, pero englobados dentro del mundo del *fitness.*

El concepto **fitness** es un término muy global, difícil de concretar. Es un vocablo anglosajón que proviene de *"fit"* y significa sano o en forma. Algo a tener muy en cuenta porque va a determinar en gran parte sus otros significados.

Fitness se relaciona con condición física y, necesariamente, con cualidades físicas básicas. En sí, se podría decir que las actividades de *fitness* son aquellas que incluyen movimientos programados, planificados y repetitivos para lograr una buena condición física, con lo que mejoran la salud, inevitablemente, los participantes experimentan esa sensación de bienestar a la que se hacía referencia al comienzo de esta definición, porque bien es sabido que una actividad física saludable provoca este efecto sobre el cuerpo y la mente.

Esta mejora de la condición física se logra con un entrenamiento equilibrado de cualidades físicas relacionadas con la salud, como son la fuerza muscular, la resistencia cardiovascular y muscular, la flexibilidad o amplitud de movimiento, la coordinación o el equilibrio.

Este tipo de entrenamientos se llevan a cabo en lugares concretos, como centros deportivos, gimnasios, centros de entrenamiento, piscinas, etc., pero sin duda se ha relacionado sobre todo con los gimnasios, que han sido los que más han promovido este tipo de actividades.

 Sabía que...

Otro significado que puede contener la palabra *fitness* se refiere al nivel de condición física de un sujeto. Por ello, se puede decir que alguien tiene mucho o poco *fitness* dependiendo de si está o no en forma.

Sabiendo todo esto, queda ya un poco más claro qué es un evento en *fitness,* ya sea en un medio seco (como gimnasios o centros deportivos) o en un medio acuático (piscinas).

Evento de fitness acuático

Lo que se debe tener en cuenta es que cualquier evento *fitness* se planifica y se proyecta con antelación, sus actividades se relacionan con la mejora de la condición física de los participantes, y son llevadas a cabo por entes deportivos que se dedican a ello. Por lo tanto, el concepto de evento deportivo, unificando los conceptos anteriormente expuestos, sería el siguiente:

"Un evento deportivo es un hecho social, planificado, cuya influencia en el público va asociada a la incertidumbre del resultado, en la que influyen los diferentes agentes en una actividad o competición deportiva". (Desbordes & Falgoux, 2006).

Jugadores, monitores y espectadores se funden en una misma configuración, y esto tiene unas altas repercusiones sociales, las cuales son positivas para el lugar en el que se organizan, ya que generan presencia en los medios de comunicación e ingresos económicos.

 **Actividades**

1. Cree su propia definición de evento en *fitness.*

2.1. Características de los eventos *fitness* en seco y acuático

Las actividades físico deportivas se convertirán en eventos deportivos si cumplen una serie de características. Estas son las siguientes:

- Repercusión social.
- Asistencia de público.
- Presencia de los medios de comunicación.
- Presencia de la televisión. Audiencia televisiva.
- Tipo de deporte.
- Dificultad de la práctica.
- Patrocinadores.
- Ingresos propios (taquilla, venta de objetos, etc.).

Las cuatro primeras características son muy importantes, ya que van a condicionar el tipo de evento que se quiere organizar, dependiendo de su espectacularidad o impacto social. Estas son interdependientes unas de otras, es decir, si tiene repercusión social, tendrá asistencia de público; si tiene asistencia de público, permitirá el interés de los medios de comunicación y provocará una audiencia televisa.

Es conocido por todos, haciendo referencia a la quinta característica, que hay deportes que arrastran más espectadores que otros, como pueden ser el fútbol o el baloncesto. De hecho, un ejemplo que cumple todas las premisas anteriores podría ser un Mundial o Europeo de Fútbol, puesto que es un clásico, el cual se repite en el tiempo y siempre tiene éxito. Sin embargo, este tipo de eventos siempre va a tener más repercusión que las actividades acuáticas, como un mundial de natación, por ejemplo.

Atendiendo a la sexta característica, la dificultad del deporte, está muy claro que cuanto más difícil sea una actividad, más difícil será contar con un gran número de practicantes y, en consecuencia, de seguidores. Por lo tanto, esto también influye a la hora de organizar un evento deportivo.

Las dos últimas características son un complemento que van a realzar el evento, distinguiendo su nivel y marcando el alcance del acontecimiento. Todos los grandes eventos cuentan con compañías importantes que los patrocinan y de las que se obtienen ingresos. A su vez, a mayor número de personas que conozcan el evento y mayor número de patrocinadores, se produce un mayor ingreso en las taquillas o, por venta de productos (*merchandising*), hace que se tengan unos ingresos más elevados.

Publicidad en espectáculos (© Fotografía: Jeangagnon Vía Wikimedia Commons - CC BY)

 ### Actividades

2. Piense un evento que tenga todas las características y enuncie de qué manera se cumple cada una.

2.2. Fidelización y captación de clientes / usuarios

El cliente siempre es el centro del negocio, y la fidelización por parte de los centros deportivos cada vez toma más importancia y se hace imprescindible en la gestión de los mismos. Sin embargo, los clientes siguen siendo los mayores desconocidos por parte de las empresas, y la fidelización es la asignatura pendiente. La rotación dentro de los centros deportivos sigue siendo elevada.

Por parte de los centros deportivos, lo primero siempre es captar clientes, y una vez que se tienen los clientes, se debe trabajar con ellos la fidelización para que estos se mantengan en el centro el mayor tiempo posible.

Por lo tanto, a través de los eventos deportivos se ayuda a los clientes a cumplir sus objetivos, ya que se genera una motivación externa y se divierten y disfrutan con las actividades que realizan.

2.3. Momentos de aplicación de los distintos eventos en el ámbito del *fitness*

Para la aplicación de los distintos eventos en el ámbito del *fitness* es necesario reunir gente en un lugar determinado, con un objetivo concreto y que exista una cierta vinculación entre las diferentes partes, participantes y organizadores.

A través de los eventos, se proporciona un contacto directo con los clientes, y estos se pueden realizar con las características propias de cada provincia, adaptándolos a sus festivales, fiestas, ferias, etc., y haciendo hincapié en aquellas que los organizadores crean que pueden tener mayor éxito.

No existe un momento de aplicación ideal o perfecto, sino que los eventos van relacionados con el interés y dinamismo de los propios participantes, dependiendo a su vez de sus gustos, tanto personales como deportivos, ya que cada persona es diferente. Por lo tanto, la aplicación del evento *fitness* dependerá del propio evento en sí que se quiera organizar, así como del objetivo que se proponga y de las personas que se quiera que participen.

3. Clasificaciones y tipo de eventos

Se van a clasificar los eventos en *fitness* atendiendo a su capacidad de organización, el tipo de instalación y la tipología.

Existen diferentes tipos de eventos deportivos en función de las clasificaciones utilizadas, destacando en este sentido la clasificación de Añó (2011), donde se diferencian los siguientes eventos:

- **Eventos de carácter puntual.** Son eventos que se celebran habitualmente una vez al año, ejemplos son carreras populares, maratones, etc.
- **Eventos de carácter puntual extraordinario.** Hacen referencia a eventos relacionados con fases clasificatorias para eventos normalmente de nivel internacional.
- **Eventos puntuales de gran impacto.** Se caracterizan por el seguimiento del público y de los medios de comunicación, por ejemplo, campeonatos del mundo o juegos olímpicos.
- **Eventos habituales.** Se celebran de manera continua cada año, por ejemplo, ligas y campeonatos nacionales de distintas especialidades deportivas.

Atendiendo al tipo de instalación, los eventos a desarrollar pueden incluir actividades en seco y actividades acuáticas. La mayoría de los eventos en *fitness* se localizan en un medio seco, pero esto se debe a que hay muchas menos instalaciones que dispongan de **vasos** adecuados para la ejecución y desarrollo de las actividades propias del evento a llevar a cabo.

 Definición

Vaso
Vaso de la piscina, como su propio nombre indica, es la estructura o recipiente donde se va a contener el agua.

Asimismo, los eventos se pueden realizar tanto en las propias instalaciones del ente organizador (el mismo centro deportivo, el gimnasio o piscina), como en lugares ajenos, obteniendo con anterioridad los correspondientes permisos. Estos lugares pueden ser plazas, pabellones municipales, colegios, entornos naturales, etc.

Según la tipología del evento, se pueden clasificar en concursos, competiciones, exhibiciones, celebraciones y actividades y juegos de animación. A continuación, se pasará a describir cada uno de ellos.

3.1. Concursos

Los concursos son pruebas en las que los candidatos (concursantes) compiten por uno o varios premios prefijados. En ellos, las personas se enfrentan a las mismas dificultades y concurren con las mismas condiciones con el fin de ser ganador. Se pueden realizar de forma individual (otorgando el premio a una sola persona) o colectiva (es un grupo quien recibe la recompensa).

 Ejemplo

Se plantea en una sala de un gimnasio una prueba en la que los usuarios adultos realizan flexiones completas. La persona que en un minuto consiga realizar mayor número de repeticiones recibirá una camiseta de entrenamiento.

En este ejemplo se muestra cómo todos los participantes compiten con las mismas condiciones, rivalizan para ser el único ganador y así recibir el premio de la camiseta.

3.2. Competiciones

Una competición es una prueba en la que se lucha por conseguir un triunfo deportivo, donde se enfrentan dos o más partes, cumpliendo determinadas reglas y requisitos. A simple vista, parece que una competición y un concurso son términos sinónimos, pero la mayor diferencia radica en que una competición siempre es deportiva y se rige por unas reglas y normas establecidas internacionalmente por la federación competente. Además, dentro de una competición se pueden encontrar concursos, y no al revés, como en el caso del atletismo, cuyas pruebas se dividen en carreras (velocidad, medio fondo, vallas, marcha, etc.) y concursos (lanzamientos y saltos).

Ejemplo

Utilizando las instalaciones de una piscina se puede organizar una competición local de natación infantil.

Al contrario que un concurso, los estilos y distancias a realizar serán las reglamentarias (impuestas por la federación de natación competente) para cada edad.

Competición de natación (© Fotografía: Abdul Razak Latif / Shutterstock.com)

3.3. Exhibiciones

Cuando se quiere mostrar en público una actividad de *fitness,* se recurre a las exhibiciones. Estas no son más que demostraciones públicas que no tienen carácter competitivo. Son muy utilizadas en gimnasios y centros deportivos para introducir una nueva actividad y comprobar previamente su aceptación.

 Ejemplo

En un centro de entrenamiento se contrata a uno o varios expertos que, junto con algunos instructores del mismo, realizan una *master class* de ritmos latinos. Los usuarios pueden participar en la misma o dedicarse a observar en qué consiste.

Master class de ritmos latinos en centro deportivo

3.4. Celebraciones

Para festejar días señalados se recurre a las celebraciones. En *fitness* las celebraciones más comunes pueden ser de aniversario de apertura, para San Valentín, en Navidad, día de la familia, Carnaval, Halloween, etc.

Normalmente, para estas fechas se organizan actividades especiales, diferentes o modificadas de las que se ejecutan diariamente e inspiradas en la fecha que se quiera conmemorar.

Ejemplo de celebración en fitness

3.5. Actividades y juegos de animación

Fuera del calendario habitual se pueden incluir actividades y juegos cuya función es simplemente la de entretener y divertir a los participantes. En esta ocasión, no se está hablando de un concurso, porque el fin no es ganar, ni es una competición porque no se rige por unas normas estrictas, ni tampoco es una exhibición, porque son los mismos usuarios los que participan. Estas actividades se pueden incluir en días de celebración, pero lo que las distingue del resto es su función lúdica.

 Ejemplo

En la piscina, con motivo del último día de la temporada, se han instalado toboganes hinchables, una pista americana flotante y se han distribuido zonas para realizar diferentes

Continúa en página siguiente >>

<< Viene de página anterior

actividades en equipo. Todos los usuarios de esta instalación podrán hacer uso de ello y disfrutar con las actividades que se hayan programado para ese día.

A su vez, los eventos deportivos también se pueden clasificar según su capacidad organizativa. Estos se pueden dividir en:

- **Grandes eventos:** son aquellos que convocan a un gran número de asistentes o participantes. Requieren un gran esfuerzo económico, del cual, en la mayoría de los casos, se pretende obtener beneficios. A su vez, se necesita un gran volumen de recursos humanos y físicos. En este tipo de eventos también se puede solicitar la ayuda de voluntarios que hagan fácil la labor organizativa. Por ejemplo, JJ. OO. o Mundiales de Fútbol.

Gran evento

- **Eventos medianos:** son eventos que se caracterizan por un nivel local. Al igual que en los grandes eventos, el objetivo es convocar al mayor número de asistentes o participantes. Su nivel organizativo es menor pero requieren también un volumen de recursos humanos y físicos acorde a la dimensión del evento. Por ejemplo, un evento promovido por un centro deportivo o gimnasio.

Evento fitness promovido por un centro deportivo

- **Pequeños eventos:** son aquellos de carácter barrial o comunitario, y convoca a un número de personas reducido. A diferencia de los anteriores, no requiere mucha infraestructura logística ni física ni de recursos humanos. Pero sí cumplen las funciones principales de todo tipo de eventos deportivos, es decir, pasarlo bien y divertirse en el tiempo libre y de ocio.

Pequeño evento de competición de natación local (© Fotografía: Brisbane City Council. Vía Flickr- CC BY)

Actividades

3. Elabore una lista con tres ejemplos de grandes eventos, eventos medianos y pequeños eventos.

 Sabía que...

Los JJ. OO. son el mayor evento deportivo a nivel internacional. Es la competición más importante del mundo.

4. Criterios para el diseño de la ficha y del fichero de eventos en el ámbito del *fitness*

Para poder llevar a cabo el diseño de la ficha de eventos dentro del ámbito del *fitness* se han de tener en cuenta unos criterios importantes para su elaboración, como son los siguientes:

- Clasificar el evento en función del tipo de acto que se quiere celebrar. Se ha de tener en cuenta si el evento es de interior o de exterior, dentro de una sala de *fitness* o dentro de un recinto acuático. Cada lugar tiene unas características determinadas, las cuales se deberán tener en cuenta para que el evento tenga éxito.
- Organización: es muy importante saber y concretar quién se va a hacer cargo del evento. Puede ser la misma empresa o contratar una empresa que se dedique a dicha tarea. Todo evento necesita una organización, la cual requiere tiempo y dedicación.
- Otro aspecto importante a la hora de organizar un evento es el lugar. Se debe pensar en la infraestructura y se debe buscar un entorno favorable para la celebración.

- Planificación, cualquier evento debe ser planificado con antelación. Se debe fijar una fecha y marcar un objetivo que se pueda alcanzar.
- Convocatoria, esta debe realizarse con suficiente antelación, para que las personas que estén interesadas en asistir puedan incluir el evento en su planificación. Dependiendo de la magnitud del evento, deberá tener más o menos tiempo para su convocatoria. Dentro de la convocatoria se deberán concretar los siguientes aspectos:

    - Fecha
    - Lugar
    - Tema
    - Objetivos
    - Asistentes
    - Estructura y composición del evento
    - Duración

Ficha del evento

Nombre del evento:		
Fecha:	Lugar:	Hora:
Objetivo:		
Participantes:		

Planificación (estructura del evento):

Ficha del evento

Todo evento debe contar con su ficha respectiva y, a la vez, estas se deben almacenar en un fichero. Este fichero puede ser un fichero común o virtual, dependiendo de si las fichas son elaboradas en papel o por ordenador.

A través del fichero de eventos, lo que se pretende es organizar sus contenidos y que se tenga un acceso a ellos rápido y sencillo, así como facilitar su búsqueda para futuras consultas. Este fichero se puede organizar de diferentes formas, pero las más utilizadas, entre otras, son:

- Por orden alfabético según el nombre del evento.
- Por orden cronológico.
- Por áreas temáticas.

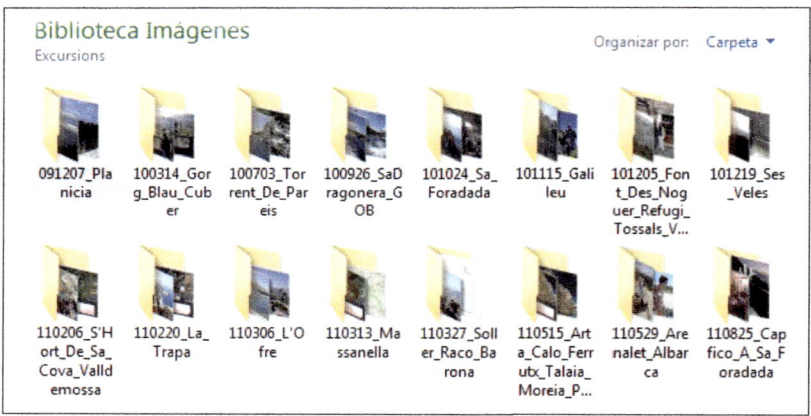

Fichero de eventos

 Actividades

4. Imagine varios eventos de *fitness* y anótelos en una lista para su posible puesta en práctica.

Aplicación práctica

Piense un evento deportivo dentro del ámbito del *fitness,* en este caso, en seco y dentro de la sala ciclo *indoor.* A continuación, elabore una ficha del evento, con todos sus criterios, y para ello utilice el modelo de ficha planteado.

SOLUCIÓN

Ficha del evento

Nombre del evento: *MASTER CLASS* CARNAVAL DE CICLO *INDOOR.*

Fecha: 28 DE FEBRERO	Lugar: CENTRO DEPORTIVO	Hora: 19:30

Objetivo: Fomentar la participación, la cooperación y las relaciones sociales.

Participantes: Todos los clientes del Centro Deportivo. Adecuar a la disponibilidad de la sala.

Planificación:
- Definir la persona a cargo del evento.
- Se debe avisar según el canal de transmisión de información
  que se tenga en el Centro Deportivo (cartelería, *Facebook, e-mail,*
  etc.), para que puedan participar el mayor número posible de
  clientes. Está información se debe realizar con antelación.
- Se intentará que todos los participantes vengan disfrazados.
- Decorar la sala en función de las necesidades del evento.
- Elegir premios para el mejor disfraz. (Un mes
  gratuito, invitaciones, camisetas, etc.).
- Se debe estimar el número de participantes según la ocupación de la sala.
- Duración 1 h 30 min.

---

5. Adecuación de los distintos tipos de eventos a las características del grupo (edad, expectativas, nivel de condición física y número de participantes, entre otros)

Cuando se realiza un evento, no se tiene la certeza del éxito que podrá tener, si motivará a los participantes o si será aceptado. Sin embargo, se puede relacionar la adecuación con la información previa que se tenga del grupo. De esta forma, se puede establecer una relación lineal en la que cuanta mayor información, mayor adecuación a los participantes del evento.

En definitiva, se debe indagar sobre los posibles participantes del evento, conseguir información sobre quién conformará el grupo y, a partir de ahí, desarrollar un evento que se adecúe a sus características.

Previamente a la organización del evento, se debe estimar el número de participantes y su perfil. La selección del público (lo que se denomina público objetivo) es una de las decisiones más importantes a la hora de crear el evento. Esto no es más que elegir a un conjunto de personas con características comunes, a las que se dirige un evento que sea de su interés. El evento no puede adecuarse a un grupo sin proyectarlo a un público objetivo y esto es por lo que Botero (2006) establece tres tipos de criterios para agrupar a los miembros de una comunidad en función de sus características. Los criterios son:

- **Criterios sociodemográficos:** agrupan a los individuos en función de variables como el sexo, la edad, hábitat, nivel de estudios y su posición en el hogar.
- **Criterios socioeconómicos:** relacionan a los individuos según aspectos como su nivel de ingresos, su horizonte de consumo o la clase social a la que pertenecen.
- **Criterios psicográficos:** aportan razones más recientemente consideradas que complementan el conocimiento de la conducta de los individuos. Entre ellas, se tiene en cuenta la personalidad, el estilo de vida y el sistema de valores.

? Sabía que...

Las primeras olimpiadas se celebraron en Atenas (Grecia) en el año 1896.

Otros aspectos que se deben considerar antes de realizar un evento, y siguiendo con el análisis de los participantes, son, por ejemplo, las expectativas o el nivel de condición física.

Cuando se habla de expectativas, se hace referencia a la incertidumbre que puedan tener los usuarios y lo que esperan del profesional. Por ello, un evento en *fitness* debe superar las expectativas de los asistentes, lo que posibilitará el éxito del mismo y, en cierta manera, de los programados para más adelante.

Para esto no se puede dejar atrás el nivel de condición física que puedan tener los asistentes al evento. Es un condicionante a tener muy en cuenta, ya que determina qué tipo de actividades se pueden o no realizar con ellos. Si se organiza una actividad de alto impacto para personas con baja condición física, pueden tener la sensación de que la actividad es demasiado dura y, por lo tanto, no repetirían porque no han disfrutado. Por el contrario, si se plantean actividades muy ligeras para un grupo con una buena condición física, acabarán aburriéndose y no tendrán una buena sensación después de su finalización. Por eso es tan importante conocer al grupo y adecuarse a sus características, para hacer precisamente lo que se espera y exigir a los participantes lo que están dispuestos a ofrecer.

En párrafos anteriores se ha hecho referencia al número de participantes, pero es necesario dedicar un espacio a este condicionante. Un evento no tiene por qué mover a grandes masas. Se pueden realizar eventos que no congreguen a un gran número de personas; de hecho, cuantos más participantes, mayor dificultad en su programación y adecuación, porque los asistentes serán muy diferentes y los recursos necesarios serán más, tanto humanos, como financieros, espaciales, etc. Previamente a la organización del evento se debe hacer un sondeo para calcular el número de personas aproximadas que asistirán. Como los eventos *fitness* los realizarán normalmente centros deportivos o piscinas, los días previos se puede preguntar a los usuarios si participarán en el mismo, también se pueden proporcionar listas para que se inscriban y además, se pueden tomar como referencia eventos anteriores.

Recuerde

Antes de realizar un evento deportivo, es importante conocer a los participantes, sus expectativas y su nivel de condición física.

Si ya se está hablando de un gran evento, se hace obligatoria la inscripción previa, como mínimo con 3 días de antelación, y si el mismo se realiza para niños/as se deberá tener en cuenta la asistencia de familiares y autorizaciones.

Es necesario recalcar que los eventos se realizan para diferentes personas, que acuden con distintas expectativas y por ello se debe obtener la mayor información sobre los participantes, sus características y el número aproximado que asistirá. Si se dispone de bastante información, se hará mejor la programación previa y se podrá adecuar mejor al grupo, prevenir posibles dificultades y ajustar con mayor exactitud los recursos.

Cuando se trabaja con personas no se puede establecer con exactitud el número y sus necesidades, pero hay que prepararse para cualquier dificultad y adecuarse sobre la marcha, incluso en plena ejecución del evento.

5.1. Aplicación práctica sobre adecuación al evento

Teniendo un grupo de las características que se detallan a continuación, se identificarán los criterios a tener en cuenta para adecuarse al él y posteriormente se describirá la forma en la que se puede llevar a cabo la adecuación del evento.

En una competición de natación para niños y niñas en edad escolar en la piscina municipal cubierta, participan 49 niños y niñas de entre 8 y 11 años (clase social media y media-baja). Es la primera vez que estos niños visitan la piscina con el colegio, por lo que no se puede confirmar que todos sepan nadar. Van a estar durante 2 horas en la piscina y solo 2 maestros los acompañan. También hay que añadir que pertenecen a un colegio concertado religioso situado en una zona de clase media de la localidad.

Solución

Para conocer mejor al grupo de niños y niñas con los que se va a realizar el evento, con un mes de antelación se deben facilitar inscripciones a la actividad en las que se exprese la autorización paterna o materna, la edad del niño o niña, si tiene alguna enfermedad y si sabe o no nadar. Las inscripciones deben estar entregadas y firmadas con una semana de antelación a la celebración de la competición.

Los datos obtenidos sirven para conocer el número (49), la edad (de entre 8 y 11 años), si hay niños o niñas con algún tipo de enfermedad o diversidad funcional que les impida realizar actividad física normal y si hay niños o niñas que no sepan nadar.

Los criterios y adecuación serán los siguientes:

- Tipo de evento: competición. Deben formar parte actividades de competición orientadas a obtener un premio. Carreras, habilidades acuáticas, relevos, partidos de waterpolo, etc.
- Edad y sexo: niños/as de entre 8 y 11 años. Se deben separar a los niños en categorías y en género a la hora de enfrentarlos entre sí, para que todos tengan las mismas posibilidades. Por ejemplo, niños A (8 y 9 años), niños B (10 y 11 años), niñas A (8 y 9 años) y niñas B (10 y 11 años).
- Clase social: clase media, media-baja. El centro escolar se sitúa en una zona de clase media y, al ser religioso, tiene matriculados a niños de acogida y con dificultades económico-sociales. Se debe considerar que estos niños no hacen este tipo de actividades normalmente, por lo que la explicación de normas y protocolos en el recinto deben quedar muy claras antes del comienzo de la actividad (cambiarse en los vestuarios,

ducharse antes del baño, uso del gorro, solo meterse en el agua cuando den permiso, etc.).

- Expectativas: expectativas altas y adaptación. En la mayoría de los casos, el hecho de salir del centro escolar ya motiva al alumnado y cualquier actividad física realizada en un medio acuático, más aún. Por ello, tienen unas expectativas altas, sin embargo se adaptan muy fácilmente a las actividades y precisamente por este motivo no es necesario motivar en exceso, porque ya lo están. No por ello hay que relajarse, se debe pensar en actividades que les gusten, que les planteen retos, que aprendan con ellas y que, sobre todo, disfruten (concursos de habilidades acuáticas, juegos en equipo, *gymkhanas* acuáticas, etc.).

- Nivel de condición física: medio. Los niños y las niñas son infatigables, pero no por ello todas las actividades deben ser extenuantes y más si se trata de un medio acuático. Sin embargo, si se plantean actividades demasiado ligeras o que no supongan un reto, se aburrirán.

- Las actividades deben ser muy dinámicas y sin grandes pausas, que el alumnado esté en continuo movimiento, como juegos de pistas en el agua o partidos de waterpolo.

- Número de participantes: 49. Todos no pueden hacer lo mismo al mismo tiempo, por eso es conveniente separarlos por categorías, como se ha visto anteriormente. De todas formas, el número de participantes puede variar en cada actividad.

A continuación, se presenta un ejemplo de planificación del evento que aporta la adecuación al grupo detallada anteriormente con actividades concretas.

Hora	Actividad	Grupo/Categoría	Lugar
11:15	- Competición estilos ventral y dorsal - Carrera de relevos	Niños A Niñas A	Calles 1 y 2
11:15	- Competición estilos ventral y dorsal - Carrera de relevos	Niños B Niñas B	Calles 3 y 4
12:00	- Concurso de habilidades acuáticas (volteos, inmersiones, recogida de anillas, etc.)	Niños A Niñas A	Calles 1 y 2

Continúa en página siguiente >>

<< Viene de página anterior

Hora	Actividad	Grupo/Categoría	Lugar
12:00	- Concurso de habilidades acuáticas (volteos, inmersiones, recogida de anillas, etc.)	Niños B Niñas B	Calles 3 y 4
12:30	- Partido de waterpolo con churros	Niños/as A	Mitad calles 1, 2, 3 y 4
12:30	- Partido de waterpolo con churros	Niños/as B	Otra mitad calles 1, 2, 3 y 4

6. Espacio y tiempo de juego (posibilidades y tipos)

Toda actividad física, deportiva o no, precisa de un espacio y un tiempo de juego.

6.1. Espacio de juego

Según Torres (1999), el espacio es el lugar donde uno se mueve, un entorno físico como medio y soporte de las actividades que en él se desarrollan, y viene determinado por los estímulos que en él se producen. En función de la cercanía o lejanía del lugar de residencia, se diferencian en inmediato, próximo y lejano. Estos se describen a continuación:

- **Inmediato:** cuando las actividades se pueden realizar sin necesidad de desplazamiento (instalaciones escolares, urbanizaciones, etc.).
- **Próximo:** espacios o instalaciones que se encuentran cercanas a sus lugares de residencia (instalaciones municipales, parques, etc.).
- **Lejano:** se hace necesario el desplazamiento de quienes quieren practicar las actividades (playas para los que viven en interior, montaña para los que viven en la costa, instalaciones en otras ciudades, etc.).

Dependiendo del modelo de gestión de las instalaciones en las que se desarrollan los eventos, se pueden encontrar **instalaciones públicas** (polideportivos municipales, parques, plazas, etc.) o **instalaciones privadas** (centros deportivos, gimnasios, colegios, etc.).

Ejemplo de un polideportivo municipal (© Fotografía: Paconi Vía Wikimedia Commons - CC BY)

Los eventos también se pueden llevar a cabo en espacios deportivos dentro de cualquier instalación, donde pueden desarrollarse actividades físicas o deportivas de distinta naturaleza, y en espacios complementarios que son delimitaciones espaciales dentro de una instalación deportiva, que dan apoyo a la práctica deportiva.

6.2. Tiempo de juego

De acuerdo con Hernández (2000), toda acción de juego se da en un espacio y tiempo determinados. La dimensión espacio-temporal condiciona el dónde y el cuándo tiene lugar el desarrollo de la acción de juego. Además de esto, Hernández añade que el tiempo incide en el desarrollo de la acción de juego conforme a una doble dimensión, una referida al control del tiempo, que viene configurado por las reglas de juego, y la otra hace referencia a la secuencialidad de las acciones y ritmo de juego.

Aspectos a considerar del tiempo de juego son:

- Tiempo psicomotriz (el individuo actúa solo).
- Tiempo sociomotriz (el individuo actúa con otros compañeros y/o adversarios).

- Tiempo estable y estandarizado (determinado por reglas y normas propias de la actividad).

Durante un evento *fitness,* se deben considerar tres partes diferenciadas con respecto al tiempo: preparación y ejecución, celebración y postevento y cierre. Antes de pasar a describir las distintas partes, es necesario aclarar que esto es una pequeña introducción, ya que en capítulos posteriores se abordará cada una de ellas.

 Actividades

5. Enumere tres ejemplos para cada uno de los aspectos de tiempo de juego (psicomotriz, sociomotriz y estable y estandarizado).

Preparación y ejecución

En esta fase, el tiempo dedicado varía atendiendo a diferentes parámetros, como instalaciones o espacios, número de participantes o tipo de evento. Antes de todo ello, se estiman los participantes, se calcula el número de contrataciones de personal, el equipo necesario y el lugar de realización.

Hay eventos que, por ejemplo, preparan las instalaciones semanas antes de su celebración (equipamiento, luz, sonido, gradas, etc.). A esto se le llama **ejecución del evento,** que no es más que la puesta en marcha previa a la celebración.

Celebración

Es el tiempo que dura el evento propiamente dicho. Habrá eventos que duren horas y otros varios días.

No se puede asegurar con exactitud cuánto tiempo va a durar un evento, como por ejemplo una *master class* o una exhibición. Si bien existen algunas actividades dentro de los eventos de las que se puede estimar su duración, la duración total del evento siempre va a ser aproximada.

Postevento y cierre

Al finalizar el evento, y dependiendo de los recursos utilizados, se hace necesario una finalización del mismo, en la que habré que recoger el equipamiento, equipo de sonido, etc. Este es el tiempo que se dedica a dejar la instalación o el espacio tal y como estaba antes de la realización del evento. Para finalizar, al igual que se ha efectuado una previsión de los recursos necesarios para el evento en la fase de preparación, hay que dedicar un tiempo a la evaluación del mismo, realizar un estudio para valorar el éxito o fracaso del evento, y las consideraciones para los futuros. No obstante, esto se verá con más detenimiento en los capítulos siguientes.

Recuerde

Los eventos también se pueden llevar a cabo en espacios deportivos dentro de cualquier instalación donde pueden desarrollarse actividades físicas o deportivas de distinta naturaleza, y en espacios complementarios que son delimitaciones espaciales dentro de una instalación deportiva que dan apoyo a la práctica deportiva.

7. Objetivos y funciones de los distintos tipos de eventos

Los objetivos de un evento deportivo son parte fundamental para llevar a cabo la planificación y organización de este, ya que van a marcar la causa final, el propósito que se quiere conseguir.

Los objetivos y las funciones pueden ser diferentes, ya que depende del tipo de evento que se quiera desarrollar. Entre ellos, se pueden dividir en los siguientes apartados: objetivos de la organización, de los participantes y específicos del evento.

7.1. Objetivos de los distintos tipos de eventos

Los objetivos de la organización son los siguientes:

- Ampliar el abanico de posibilidades, siempre creando un ambiente divertido para la práctica de actividad física de forma saludable.
- Plantear eventos físico-recreativos que sean actuales y que creen expectativas e ilusión en los clientes.
- Conocer y analizar las posibilidades recreativas de los deportes y las actividades físicas.
- Fomentar los eventos deportivos para ocupación del tiempo libre.
- Fomentar la organización de las actividades recreativas del centro, así como aprender a planificar, organizar y poner en marcha actividades/sesiones deportivo-recreativas para el tiempo de ocio.

Los objetivos de los participantes son los siguientes:

- Conseguir una participación a través de los actos deportivos- recreativos.
- Poner en práctica los valores morales inherentes en el deporte.
- Mejorar la comunicación social, ser una fuente de diversión, favorecer el agrupamiento de sexos y desarrollar la deportividad.
- Utilizar los eventos deportivos como herramienta habitual para las actividades de ocio y tiempo libre.
- Conocer gran diversidad de eventos deportivos para uso y disfrute.

Los objetivos específicos del evento son los siguientes:

- Definir el objetivo. Qué se quiere conseguir con el evento.
- Definir el tipo de evento.
- Saber y conocer con qué recursos se cuenta (físicos, económicos, humanos).
- Saber dónde se va a realizar el evento.
- Definir la hora y lugar donde se va a realizar.
- Conocer las características de los participantes o asistentes.

Recuerde

Los objetivos son parte fundamental para llevar a cabo una correcta planificación y organización.

Actividades

6. Escoja un objetivo de la organización, otro de los participantes y, por último, un solo objetivo específico del evento. Una vez seleccionados, exponga de qué forma se pueden lograr esos objetivos.

7.2. Funciones de los distintos tipos de eventos

En un evento cualquiera hay varias funciones diferenciadas, de las cuales se favorecerán más unas que otras dependiendo de la entidad organizadora y de los objetivos concretos propuestos para el evento. No obstante, se pueden encontrar funciones comunes en los eventos.

Funciones del evento en sí

A continuación, se presentan las diferentes funciones que se pueden cumplir en los distintos tipos de eventos:

- **Ampliar el conocimiento:** a esto se refiere que el asistente de un evento seguramente aprenderá un poco más sobre la actividad que está realizando.
- **Favorecer las relaciones:** cualquier evento favorece las relaciones interpersonales, tanto entre los miembros de la entidad organizadora como entre los asistentes al propio evento.

- **Fomento de un clima organizacional apropiado:** muy relacionada con la función anterior, los organizadores deben trabajar en grupo para llevar a cabo el evento, lo que favorece que el clima entre ellos sea el de un equipo.
- **Formar o fortalecer la imagen institucional:** si el evento organizado ha sido un éxito, será la organización la que se lleve el honor de haberlo realizado satisfactoriamente.
- **Mejora de la competitividad de la organización:** en la sociedad actual existen miles de empresas de servicios que realizan la misma actividad, por ello los eventos son la excusa perfecta para sobresalir entre las demás y destacarse por ser de las mejores o la mejor.
- **Publicidad y promoción:** los eventos son un reclamo de clientes para la empresa u organización, gracias a ellos se puede promocionar la misma entidad organizadora o los servicios concretos que ofrece.

Funciones de las actividades de *fitness* del evento

La Ley Orgánica de Educación (LOMLOE), introduce una serie de competencias básicas para el área de educación física relacionadas con:

- La adopción de un estilo de vida activo y saludable, practicando regularmente actividades físicas, lúdicas y deportivas.
- La adquisición de los elementos propios del esquema corporal, las capacidades físicas, perceptivas, motrices y coordinadas.
- El desarrollo de procesos de autorregulación e interacción en el marco de la práctica motriz.
- El reconocimiento de diferentes manifestaciones lúdicas, físico- deportivas y artístico - expresivas propias de la cultura motriz.
- La valoración de diferentes medios naturales y urbanos como contextos para la práctica motriz.

8. Resumen

Los eventos dentro del mundo del *fitness* como los acuáticos han evolucionado, adquiriendo cada vez más importancia dentro de este ámbito. Además, los clientes y usuarios también los demandan con más asiduidad. Estos ayudan a la fidelización de los clientes, pudiéndose mantener un contacto más cercano con estos. Todo este tipo de eventos tienen unas características concretas y se debe analizar cuáles son y el momento de aplicación, para que estos tengan el mayor éxito posible.

En el ámbito del *fitness,* un evento es un acontecimiento o suceso, y estos se pueden dividir en concursos, competiciones, exhibiciones, celebraciones y actividades y juegos de animación. Cada uno de estos t ene unas peculiaridades diferentes, adaptándose a las características del grupo que asista al evento y deben tener una periodicidad.

Asimismo, los eventos también pueden variar su lugar de la celebración, y pueden realizarse en las propias instalaciones o en el exterior. Pero se debe tener en cuenta que las instalaciones en las que se realice el evento deben tener unas características apropiadas y que atiendan al espacio y al tiempo de juego.

El objetivo de los eventos deportivos es el elemento principal dentro de la planificación y la organización de este tipo de acontecimientos, ya que va a marcar la finalidad para la que se realizan.

Ejercicios de repaso y autoevaluación

1. El concepto de *fitness* se relaciona con...

   a. ... el nivel de condición física de un sujeto.
   b. ... *fit*.
   c. ... las cualidades físicas básicas.
   d. Todas las opciones son correctas.

2. Enumere las cuatro características más importantes que hacen de una actividad físico-deportiva un evento en *fitness* seco o acuático.

   _____
   _____
   _____
   _____

3. ¿En qué puede ayudar la celebración de un evento en *fitness?*

   a. Generar mayores ingresos.
   b. Conocer nuevas personas.
   c. Fidelización y captación de clientes.
   d. Remodelación de instalaciones.

4. Indique si las siguientes afirmaciones son verdaderas o falsas.

   a. Los eventos se pueden clasificar desde diferentes puntos de vista.

      ☐ Verdadero
      ☐ Falso

   b. Concurso y competición son términos sinónimos.

      ☐ Verdadero
      ☐ Falso

c. Se puede recurrir a las exhibiciones cuando se quiere mostrar en público una actividad de *fitness*.

☐ Verdadero
☐ Falso

d. El fin último de una actividad o juego de animación en *fitness* es entretener y divertir a los participantes.

☐ Verdadero
☐ Falso

5. ¿Cómo clasifica Añó (2011) los eventos según el punto de vista de la organización?

_____

_____

6. ¿Cómo se pueden clasificar los eventos según su capacidad organizativa?

a. Grandes, medianos y pequeños eventos.
b. Globlales, regionales y eventos locales.
c. Dificultad baja, media o alta.
d. Según la entidad organizativa.

7. Un Mundial de Fútbol, ¿a qué tipo de evento correspondería?

a. Evento pequeño
b. Evento mediano
c. Gran evento
d. Evento popular

8. Seleccione la opción correcta con respecto a los criterios a tener en cuenta para la elaboración de una ficha de eventos en *fitness*.

a. Tipo de acto, organización y lugar.
b. Tipo de acto, organización y asistentes.
c. Planificación y convocatoria.
d. Las opciones a y c son correctas.

9. ¿Cuáles son las tres formas más utilizadas para organizar un fichero de eventos?

_____
_____
_____
_____

10. Complete la siguiente afirmación:

Se puede relacionar la adecuación con la _____ previa que se tenga del grupo. De esta forma, se puede establecer una relación en la que cuanta _____ información, mayor _____ a los participantes del evento.

11. ¿De qué manera influye el nivel de condición física con el éxito de un evento?

    a. Mayor nivel exigido, mayor éxito.
    b. Mayor nivel de los participantes, mayor éxito.
    c. Mayor adecuación al nivel, mayor éxito.
    d. Menor nivel, mayor éxito.

12. Según Hernández, ¿qué tres aspectos se deben considerar del tiempo de juego?

_____
_____
_____
_____

13. Enumere las 3 fases de un evento relacionadas con el tiempo.

_____
_____
_____
_____

14. Se pueden distinguir los espacios según...

    a. ... el espacio próximo.
    b. ... las instalaciones construidas y los espacios naturales.
    c. ... las instalaciones privadas.
    d. ... las instalaciones públicas.

15. Cuando se realiza un evento, se deben distinguir objetivos de...

    a. ... la organización, los organizadores y específicos del evento.
    b. ... la organización, los participantes y específicos del evento.
    c. ... la sede organizativa y los espectadores.
    d. ... la organización y los usuarios.

Capítulo 2

Planificación de eventos, competiciones y concursos en *fitness* seco y acuático

Contenido

1. Introducción

El deporte se puede considerar como el mayor acontecimiento social del siglo XX y casi del siglo XXI, hecho que se demuestra continuamente con la asistencia de público a los eventos deportivos que se organizan. La repercusión mediática, tanto en televisiones como en prensa escrita y radiofónica, es notable, con lo que está presente constantemente.

Dado el interés que despierta el deporte tanto a nivel social, como económico y mediático, son un elevado número de personas las que lo practican. La generalización de la práctica del deporte hace que se creen y que existan multitud de organizaciones alrededor del mismo y estas pueden ser públicas o privadas. Estas organizaciones serán las encargadas de crear los eventos.

Diversos autores que tratan sobre ello coinciden en identificar un evento como una actividad de espectáculo, promoviendo el ambiente competitivo y festivo.

2. Interpretación del programa y de las directrices de la entidad de referencia

La interpretación del programa así como las directrices de la entidad de referencia pueden ser muy distintas dependiendo del tipo de acontecimiento que se quiera realizar, así como de las instituciones que obtienen la concesión del evento (principalmente suelen ser federaciones, empresas o ayuntamientos o el Comité Olímpico, en el caso de eventos polideportivos).

En esta línea, se pueden encontrar cuatro estructuras organizativas, que son las siguientes:

- **Gestión directa:** es la primera estructura, es una empresa o comité quien organiza el evento. Por ejemplo, JJ. OO., Tokio 2021. Son los casos de grandes eventos deportivos, a una gran escala y con un alto nivel organizativo.
- **Empresas adjudicatarias:** esta segunda estructura es una empresa a la que se le asigna la organización del acontecimiento. En estos eventos se

cede la gestión a una empresa, que se encarga de toda la organización. La adjudicación será en concurso. Por ejemplo, está el caso de la Vuelta Ciclista a España, que la organiza la empresa Uripublic (Monroy, Saez & Cordente, 2009).

- **Gimnasios o clubes:** es el caso de competiciones, por ejemplo, de karate, judo, gimnasia rítmica, etc., donde los encargados de la organización son los clubes que actúan en esos lugares (Añó, 2000, 2005; Monroy, Saez & Cordente, 2009). En este tipo de evento, así como los eventos de *fitness* y acuáticos, la organización suele recaer en los clubes, gimnasios o centros deportivos.
- **Gestión mixta:** consiste en la creación de un comité organizador que, a su vez, cede algunas parcelas a empresas privadas. Se suele encargar a empresas privadas o instituciones que están al margen. Por ejemplo, en España está el caso de la Copa Davis 2023, cuya gestión fue realizada por la empresa Tennium.

 Actividades

1. Busque un ejemplo de cada una de las estructuras organizativas anteriores.

Es importante, aparte de la institución que realice el evento, que este tenga un buen diseño y que posea actividades que involucren a todos los participantes y clientes, y que este tipo de eventos fomente la salud y la calidad de vida.

Los programas que se pueden llevar a cabo pueden ser:

- **Programas individuales:** son aquellos en que que los participantes realizan la actividad física sin la ayuda de un compañero o compañeros. Al margen de esta definición, pueden o no existir oponentes. Por ejemplo, competición de *crossfit.*

Competición crossfit (© Fotografía: Manu Reyes / Shutterstock.com)

■ **Programas colectivos:** son aquellos que se realizan en equipo o en grupo, en los cuales se tiene más interacción que en los programas individuales, y el componente sociabilizador gana enteros. Por ejemplo, una *gymkhana*.

Gymkhana acuática (© Fotografía: Menno Deen Vía Flickr - CC BY)

Aplicación práctica

Imagine que es la persona encargada de los eventos dentro su centro deportivo o gimnasio. Por lo tanto, elabore un programa colectivo, en este caso una *gymkhana,* eligiendo 5 actividades que se puedan desarrollar dentro del medio acuático.

SOLUCIÓN (Posible solución)

Como organizador de la *gymkhana,* las cinco actividades que se van a realizar son las siguientes:

Imaginando que los equipos están organizados con 5 integrantes, que todos saben nadar y que es para mayores de 15 años:

1. Partidillo de waterpolo.
2. Carreras de relevos. Estilo libre.
3. Carrera de churros o fideos. Proponiendo varias formas de nado.
4. Carrera de obstáculos acuáticos.
5. Carrera en colchonetas acuáticas.

3. Análisis del contexto de intervención

Para analizar el contexto donde se llevan a cabo los eventos hay que centrarse en dos aspectos principales, la tipología y carácter de la entidad organizadora y el tipo de usuarios-clientes destinatarios.

3.1. Tipología y carácter de la entidad

Para conocer las distintas entidades que pueden organizar eventos, se debe echar mano de la Legislación Deportiva de España y conocer los distintos entes deportivos que existen, entes organizativos del deporte que a su vez realizan eventos, siempre y cuando sean de su competencia o ámbito.

En la página web del Consejo Superior de Deportes se encuentra una clasificación de los distintos entes, donde se señala que la organización del deporte en España se basa en un sistema de colaboración mutua entre los sectores público y privado.

Entes deportivos públicos

Se diferencian tres entes deportivos públicos, que se detallan a continuación. Estos son el Consejo Superior de Deportes, las Secretarías Generales de las CC. AA. y las entidades locales.

El Consejo Superior de Deportes (C.S.D.)

El Consejo Superior de Deportes ejerce directamente la actuación de la Administración del Estado en el ámbito del deporte en cumplimiento del mandato constitucional que establece que los poderes públicos fomentarán la educación física y el deporte y facilitarán la adecuada utilización del ocio.

El CSD es un organismo autónomo de carácter administrativo, adscrito al Ministerio de Educación, Formación Profesional y Deportes.

Logo del Consejo Superior de Deportes

Direcciones Generales de Deportes de las Comunidades Autónomas (CC. AA.)

Las funciones y competencias para el fomento y desarrollo de la política deportiva en las comunidades autónomas españolas están establecidas en los respectivos Estatutos de Autonomía y demás normas reguladoras de la actividad deportiva en el ámbito geográfico de cada comunidad.

La legislación deportiva de cada comunidad delimita el campo de actuación en esta materia y, a su vez, lo diferencia respecto a la Administración del Estado y las restantes comunidades.

Entidades locales (ayuntamientos, diputaciones, cabildos)

Las entidades locales, fundamental y básicamente los ayuntamientos, son los principales gestores de los servicios deportivos públicos, debido a dos hechos: al grado de proximidad al domicilio familiar y a un mayor conocimiento y uso de las instalaciones deportivas locales.

Los ayuntamientos son las entidades locales que más y mejor favorecen y posibilitan el desarrollo y fomento de la actividad deportiva base en el ámbito local a través de las escuelas deportivas municipales, patronatos deportivos y entidades asociativas deportivas de carácter local.

 Actividades

2. Piense en una Dirección General del Deporte de una comunidad autónoma y en una entidad local y proponga dos ejemplos de gestión de eventos deportivos para cada una.

Entes deportivos privados

Los entes deportivos privados están conformados por el COI, el Programa ADO, las federaciones deportivas, las ligas profesionales y las entidades asociativas deportivas.

El Comité Olímpico Español

Es una asociación sin fines de lucro, dotada de personalidad jurídica y declarada de utilidad pública, cuyo objeto es el desarrollo del movimiento olímpico y la difusión de los ideales olímpicos. Integra a las federaciones de modalidades olímpicas (28) y representa a España ante el Comité Olímpico Internacional (COI).

El Programa ADO (Asociación de Deportes Olímpicos)

El Programa ADO nace en 1988 como una iniciativa básica para el apoyo del deporte de élite de cara a la cita de los Juegos Olímpicos de Barcelona 1992. Este apoyo se concretó a través de la entrada, por primera vez en la historia del deporte español, de patrocinadores privados que hicieron posible la financiación de unos planes específicos de preparación olímpica.

Logo del Programa ADO

Federaciones deportivas

Entre las federaciones deportivas, se pueden encontrar federaciones de ámbito estatal y federaciones de ámbito territorial, además hay algunas que tienen especial vínculo con el ámbito del *fitness*.

Federaciones deportivas españolas

Son entidades privadas, con personalidad jurídica propia, de ámbito de actuación nacional, integradas por las federaciones deportivas de ámbito autonómico, clubes deportivos, deportistas, técnicos, jueces, árbitros, ligas profesionales y otras entidades interesadas en la promoción y desarrollo de una modalidad deportiva específica en el ámbito nacional. Actualmente existen en España más de 66 federaciones deportivas.

Las federaciones deportivas españolas, además de sus actividades propias de gobierno, administración, gestión, organización y reglamentación de las especialidades deportivas que corresponden a cada una de sus modalidades, ejercen, bajo la coordinación y tutela del Consejo Superior de Deportes, las funciones públicas de carácter administrativo.

Federaciones deportivas autonómicas o territoriales

Son entidades de características y finalidad similares a las anteriores, cuya actuación es el propio ámbito territorial autonómico representando a las federaciones deportivas españolas en sus respectivas comunidades autónomas.

Dentro del ámbito del *fitness* hay tres federaciones distintas: FEDA, IFBB y FPEF (Europea de *Fitness* y Pilates).

FEDA (Federación Española de Aeróbic y Fitness)

La Federación Española de Aeróbic y *Fitness* es una entidad asociativa de formación profesional no reglada con experiencia en la formación y capacitación de expertos profesionales del *fitness-wellness* en España, reconocida por instituciones y entidades de prestigio y autorizada en 1992 por el Ministerio del Interior. Además, FEDA organiza más de 100 eventos anuales con la colaboración de sus 32 delegaciones nacionales y lleva a cabo uno de los eventos de interés nacional, la *Funklag,* que convoca a más de 400 competidores cada año y con más de 1.000 espectadores.

IFBB Federación Internacional del Fisioculturismo (International Federation of Body Building)

Es una organización deportiva reconocida como la única entidad internacional representativa del fisioculturismo. Organiza más de 1.000 campeonatos a nivel regional, nacional, continental y mundial. A nivel español, se encarga la Federación Española de Fisioculturismo y *Fitness*.

*Competición de fisioculturismo y ganadores en
categorías masculina y femenina*

Se hace necesario mencionar esta federación, ya que existen más de 100 millones de personas que entrenan regularmente en gimnasios y centros deportivos en el mundo, y sus competidores forman parte de los eventos en *fitness* más famosos y de mayor repercusión, como el *Arnold Sport Festival*.

FPEF (Europea de Fitness y Pilates)

Otra federación relacionada, pero en el ámbito europeo es la Federación Europea de *Fitness* y Pilates, que al igual que FEDA, se dedica sobre todo a la formación.

 Recuerde

El Consejo Superior de Deportes ejerce directamente la actuación de la Administración del Estado en el ámbito del deporte.

Las ligas profesionales

Son entidades privadas con personalidad jurídica propia y autonomía para su organización interna y funcionamiento respecto a la federación deportiva española correspondiente, y de la que forman parte.

Integran a los clubes que participan en las competiciones oficiales de carácter profesional y ámbito estatal. En la actualidad, existen varias ligas profesionales, entre las que están la Liga Profesional de Fútbol (LPF), la Asociación de Clubes de Baloncesto (ACB) o la Asociación de Clubes de Balonmano de España (ASOBAL).

Entidades asociativas deportivas

Son asociaciones privadas integradas por personas físicas o jurídicas, cuyo fin es promocionar una o más modalidades deportivas, la práctica deportiva de sus asociados y la participación de los mismos en actividades y competiciones deportivas.

Las entidades asociativas deportivas, de acuerdo con lo establecido en la Ley 39/2022, de 30 de diciembre, del Deporte se clasifican en Clubes, Agrupaciones de Clubes de ámbito estatal, Entes de Promoción deportiva de ámbito estatal, Ligas Profesionales y Federaciones deportivas españolas.

Tipos de empresas/formas jurídicas

Lo citado anteriormente corresponde a las entidades organizativas relacionadas con el deporte en sí, no obstante, existen otro tipo de entes (formas jurídicas) con ánimo de lucro que gestionan actividades deportivas, como pueden ser centros deportivos, gimnasios o empresas dedicadas a la gestión deportiva. Entre estas, las más habituales son:

1. **Empresario individual (autónomo):** realiza en nombre propio y por medio de una empresa una actividad comercial.
2. **Sociedad Limitada (SL):** cuenta con un capital determinado, integrado por las participaciones sociales de los socios.

3. **Sociedad Anónima (SA):** es de tipo capitalista, en la que el capital social está dividido en acciones que pueden ser transmitidas.
4. **Sociedad Cooperativa (SC):** está constituida por personas que se asocian con el fin de realizar actividades empresariales con estructura y funcionamiento democrático.

Actividades

3. Investigue sobre la forma jurídica más común en la gestión deportiva.

3.2. Tipología de los usuarios-clientes destinatarios

La realización de un evento se puede comparar con la venta de un producto o la oferta de un servicio. Se puede equiparar a un usuario como un cliente y por lo tanto su tipología será la misma.

Un evento en *fitness* es un servicio y desde esta perspectiva, Paz (2005) determina que el concepto de cliente tiene distintas acepciones:

- El cliente que pertenece al **público objetivo** es aquel al que se hace referencia cuando se define el mercado, es a quien se dirige el evento.
- El **cliente potencial** no ha participado todavía, pero forma parte del público objetivo y puede estar asistiendo a otros eventos. El público objetivo se define como un grupo, sin embargo, este cliente potencial es una persona o empresa determinada.
- El **cliente eventual** y el **cliente habitual** comparten la característica de que ambos son compradores reales o actuales. La diferencia radica en la frecuencia de compra. El cliente habitual es un cliente fiel, del tipo que se pretende que se conviertan los clientes eventuales.

Cuando se selecciona un público objetivo, hay que centrarse solo en
un sector concreto de la población, al que irán dirigidos los objetivos

Un usuario es un cliente y, sabiendo esto, se puede establecer que cuantos más participantes asistan al evento, más ingresos se generarán, obteniéndose por lo tanto un beneficio, que es lo que cualquier actividad comercial pretende.

 Recuerde

En el capítulo anterior se habló de la adecuación de los eventos al grupo, donde se tenía en cuenta, a la hora de planificar un evento, la edad, expectativas o nivel de condición física de los participantes, entre otros. No se puede olvidar esto para establecer el tipo de usuarios y, de esta manera, adaptarse a ellos.

4. Mercadotecnia deportivo-recreativa

La importancia del deporte como sector económico se está haciendo cada vez más notable y crece en consecuencia a la práctica deportiva de individuos que lo practican, así como los eventos que se organizan.

Al existir un número mayor de personas que dedican su tiempo libre a la actividad física hace que el deporte sea una parte esencial en la forma de vida. A su vez, también los deportistas son más conocidos y son muchas las "estrellas" que son "modelos" dentro de la sociedad, y están asociados a numerosas marcas.

Selección Española de Fútbol con la marca Adidas (© Adidas)

 **Actividades**

4. Busque a cinco jugadores de diferentes deportes que estén relacionados con marcas deportivas.

La **mercadotecnia,** según Philip Kotler, es "el proceso social y administrativo por el que los grupos e individuos satisfacen sus necesidades al crear e intercambiar bienes y servicios".

Marketing, en español, se traduce como mercadotecnia, mercadología o a veces mercadeo, según el contexto en el cual se encuentre. Otros autores también lo traducen como estrategia comercial.

La **mercadotecnia deportiva** está compuesta por varias actividades que han sido elaboradas y diseñadas para satisfacer las necesidades y deseos de los consumidores del deporte a través de un intercambio.

Según Hernández Acosta, esta se define como: "la venta que una organización hace de la imagen de su deporte o sus eventos deportivos para satisfacer las demandas del público. Las organizaciones pueden hacer eso bien por cuenta propia, bien a través de gerentes profesionales o agencias de mercadotecnia, que entienden el proceso comercial deportivo y tienen el poder de venta necesario".

Esta puede considerarse desde tres puntos de vista distintos, dependiendo de la visión de cada actividad comercial. Son los siguientes:

- **Patrocinio empresarial:** cuando la parte principal se centra en elementos del deporte como deportistas o eventos deportivos que satisfagan las necesidades y deseos de los consumidores y a la vez cumplan su objetivo comercial.
- **Endoso:** sería aquella actividad que se realiza cuando se vende y/o se compra una imagen, un nombre o un logo a cambio de un dinero en efectivo y del cual se benefician los deportistas, los equipos, las ligas, los circuitos o los propios organizadores de los eventos.
- **Mercadotecnia de eventos:** sería el plan de mercadotecnia de una organización a un evento y en beneficio directo del deporte que se desarrolla.

Patrocinios de estadios (© Fotografía: Johrling Vía Flickr - CC BY)

Y la mercadotecnia tiene un proceso y este está constituido por tres **fases:**

1. **Análisis de las oportunidades de mercadeo:** en esta primera fase, lo que se pretende es recoger por parte de la organización toda la información posible para que el evento tenga éxito.
2. **Selección de grupos específicos:** en la segunda fase, consiste en medir la demanda, identificar la segmentación y determinar los objetivos. En realidad, se pretende llamar la atención para que elijan un evento y no otro; distinguiendo entre la demanda del mercado, es decir, ver la respuesta del público en relación con otros eventos parecidos. A su vez, también está la propia segmentación del mercado, es decir, identificar a las personas que puedan participar en el evento; y por último, está el enfoque del mercado, por el que se necesita determinar quiénes son y dónde están los protagonistas potenciales, a saber, los espectadores, los deportistas, los medios de comunicación y los patrocinadores.
3. **La mezcla de mercadeo:** esta última fase consiste en determinar el producto, si tiene algún coste o es gratis, lugar donde se va a desarrollar, la promoción que va a tener, etc. Esta fase debe tener en cuenta que responde a lo que se llama las "**5 P**", estas serían: el **p**roducto, el **p**recio, el **p**úblico, distribución (o **p**laza) y la **p**romoción.

 Sabía que...

La ICCA es la Asociación de Congresos y Convenciones.

4.1. Estudio de viabilidad

Un plan de viabilidad es un todo, no tiene muy estipulado dónde comienza y dónde termina, todos sus puntos están altamente interrelacionados, de tal manera que interpretar estos de forma independiente es muy complicado sin enmarcarlo y analizarlo dentro de la globalidad. Con esto se quiere decir que está en continuo cambio, adaptándose a las circunstancias concretas que se den en sus momentos de aplicación.

También se puede entender como un instrumento que se utiliza para comunicar las características principales de un proyecto y nace en el momento que un emprendedor decide materializar su idea de negocio.

El **plan de viabilidad** podría definirse como el documento que va a reflejar el contenido del proyecto deportivo-recreativo que se quiere realizar, el cual abarca desde las ideas iniciales hasta la forma concreta de llevarlo a la práctica.

El objetivo de los estudios de viabilidad es permitir evaluar la rentabilidad económica del proyecto que se quiere elaborar, es decir, evaluar si la idea empresarial tendrá éxito o no.

En resumen, lo que se pretende a través del plan de viabilidad junto con su estudio es determinar si la idea de evento o proyecto que se quiere poner en funcionamiento es económicamente y comercialmente posible.

En líneas generales, los apartados que se desarrollan para poner en práctica la idea de proyecto o evento deportivo dentro del ámbito del *fitness* tanto en seco como acuático son los siguientes:

- Definición de la actividad a realizar.
- Estudio de mercado.
- Plan operativo (recursos humanos y técnicos).
- Plan de *marketing*.
- Análisis de rentabilidad económica y financiera.
- Aspectos legales.

Actividades

5. Antes de comenzar a profundizar sobre la viabilidad, exponga cuáles cree que son los factores a tener en cuenta para que un evento sea viable o no lo sea. Al finalizar su lectura, compruebe y corrija su respuesta.

Definición de la actividad a realizar

Siempre antes de llegar al gran proyecto final, hay que pasar por un periodo previo, una lluvia o tormenta de ideas. Una vez que se tenga concreta la actividad, proyecto o evento, se le dará forma. Se definirá la oferta de productos y servicios, así como las ventajas sobre los demás.

Otro aspecto importante es resaltar la imagen del evento deportivo. ¿Qué es lo que se quiere transmitir? ¿Cuál es el público objetivo? ¿A quién se dirige? Se debe tener muy claras todas estas cuestiones, ya que el público objetivo está estrechamente ligado al tipo de evento que se quiere realizar.

Sobre la ubicación, hay que detallar las características de dónde se va a realizar el evento, si es en el interior o en el exterior de la instalación, o bien, si es en el ámbito acuático, si la piscina es cubierta o descubierta. De una ubicación oportuna dependerá en gran medida el éxito del evento, siendo importante resaltar todos aquellos factores que puedan influir en la rentabilidad del evento.

Recuerde

El objetivo de los estudios de viabilidad es permitir evaluar la rentabilidad económica del proyecto que se quiere elaborar, es decir, evaluar si la idea empresarial tendrá éxito o no.

Estudio de mercado

Los estudios de mercado se realizan con el fin de hacer una idea sobre la viabilidad comercial de una actividad planteada. Estos son muy extensos de realizar y no se va a profundizar sobre todos los pasos que se deberían hacer, simplemente se realizará una breve reseña de ellos:

1. El primer paso que se debería realizar es recopilar y aprovechar toda la información que exista sobre el sector.
2. El siguiente paso es observar los eventos que se están realizando alrededor, ver los eventos de la competencia, ver qué tipo de clientes asisten a sus eventos, etc.
3. El tercer paso es profundizar en el conocimiento del cliente objetivo y su comportamiento. Características sociodemográficas y demográficas, opinión del servicio. ¿Qué le motiva? ¿Cuánto, dónde y cuándo?, etc. Para conocer y conseguir la información que se necesita no hay mejor forma que preguntar.
4. El cuarto paso es investigar y analizar la competencia. Y hay dos motivos principales:

   ▪ Conocer quién está haciendo las cosas bien y quién no. Eso ayuda a ver las claves del éxito.
   ▪ Prever las reacciones de la competencia ante las actuaciones propias.

5. Y por último, se debe definir al cliente objetivo. Se deben segmentar en función de las necesidades del evento, priorizar sobre los que se quiera actuar y así, dependiendo del tipo de cliente, se utilizarán unas estrategias de *marketing* u otras, atendiendo a las características del grupo a las que vayan destinadas.

Plan de *marketing*

Según la RAE (Real Academia de la lengua española), se define *marketing* como el "conjunto de principios y prácticas que buscan el aumento del comercio, especialmente de la demanda. Estudio de los procedimientos y recursos tendentes a este fin".

La gran evolución del deporte hace cada vez más necesario el *marketing* deportivo. El gran interés del público hace todavía más fuerte este vínculo. Se hace necesario tener un **plan de *marketing,*** que es un documento formal y escrito, resultado de la planificación comercial. El plan de *marketing* debe estar interrelacionado con la planificación estratégica de la empresa.

La realización de un **análisis DAFO** permitirá conocer el escenario real en el que se está, así como planificar la estrategia de futuro. Analizarán sus características internas (Debilidades y Fortalezas) y su situación externa (Amenazas y Oportunidades). A continuación, se verá el significado de sus iniciales:

Ejemplo de un análisis DAFO

Debilidades	**Fortaleza**
Puntos débiles internos al área que restan para el logro de las metas. Aspectos que reducen o limitan la capacidad de desarrollo eficaz y eficiente del área de DCE	Puntos fuertes internos que ayudan a lograr las metas. Capacidades, recursos, posiciones alcanzadas y ventajas para el desarrollo de nuestro ámbito
Amenazas	**Oportunidades**
Factores externos que constriñen el logro de las metas. Hechos o situaciones del entorno externo que pueden se obstáculos para que se puedan alcanzar las metas propias de DCE	Coyunturas externas que podrían potenciar el logro de las metas. Hechos o situaciones del entorno externo que favorecen la consecución de las metas propias de DCE

Aplicación práctica

Imagine que es el coordinador de *marketing* y comunicación y tiene que realizar dentro de sus labores un análisis DAFO acerca de un evento de pádel, en este caso un torneo de categoría 2°, 3° y 4° masculina y femenina.

Continúa en página siguiente >>

<< Viene de página anterior

SOLUCIÓN (Posible solución)

Solución análisis DAFO supuesto práctico número 2

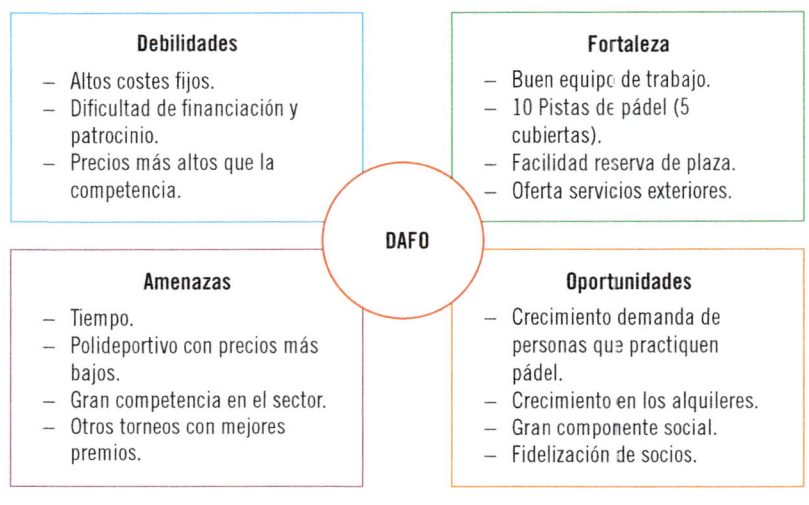

Debilidades	Fortaleza
– Altos costes fijos. – Dificultad de financiación y patrocinio. – Precios más altos que la competencia.	– Buen equipo de trabajo. – 10 Pistas de pádel (5 cubiertas). – Facilidad reserva de plaza. – Oferta servicios exteriores.
Amenazas	**Oportunidades**
– Tiempo. – Polideportivo con precios más bajos. – Gran competencia en el sector. – Otros torneos con mejores premios.	– Crecimiento demanda de personas que practiquen pádel. – Crecimiento en los alquileres. – Gran componente social. – Fidelización de socios.

Una vez estructurado el objetivo sobre el cual se quiere desarrollar el trabajo, también es necesario desarrollar unas estrategias para corregir las debilidades y, a la vez, aprovechar las fortalezas.

Este apartado se va a centrar en las siguientes estrategias, pues son las más importantes:

- **La segmentación:** como su propio nombre indica, es la división del mercado. La organización debe diseñar los eventos en función de las necesidades de cada cliente. Se debe trabajar en cualquier ámbito. Cada evento es especial y supone dirigirse al mercado objetivo para que estos tengan éxito.
- **Posicionamiento:** es una estrategia fundamental, supone el hecho de crear y hacer familiar en la mente del consumidor una imagen única del evento, diferenciándose de la competencia. Para ello, hay que conocer

a los clientes, saber qué valoran y desean. A través del posicionamiento se hace más atractivo el evento.

■ **La innovación:** es una estrategia crucial para toda empresa que quiera realizar un evento deportivo. Hay que innovar, ya que este es un negocio muy competitivo. Se ha de innovar para que el producto y servicio que se ofrece sea útil y, de esta manera, incrementar la productividad.

Por otro lado, se debe satisfacer al cliente en todo lo posible y marcar diferencias con los competidores. Por lo tanto, hay que fomentar la innovación pero a su vez también la creatividad.

En resumen, no hay solo que inventar sino introducirlo en el mercado para que sea útil y la gente pueda disfrutar de ello. Y en el caso de que el evento sea repetido, se debe mejorar todo lo posible.

■ **La idea directriz:** es la idea clave, extraída de las conclusiones anteriores, la cual se elabora conforme a los objetivos y retos que se quieren alcanzar. Es la idea a la cual los organizadores van a recurrir cuando se tenga que tomar una decisión. Se debe prestar atención a los periodos socioeconómicos y a la competencia, ya que determinará la forma de actuación, así como a la elección del sitio según la disciplina a desarrollar. Todo en conjunto marcará el éxito o no del evento.

4.2. Propuesta de actividades específicas a entidades y particulares

La organización de un evento deportivo se define como un proyecto, es decir, se orienta hacia un objetivo, que puede variar en función del contexto en el cual se desarrolle y la entidad que lo organice, y este se debe llevar a cabo en un plazo determinado con unos medios concretos y, a su vez, requiere del uso de los trámites y herramientas adecuadas.

La propuesta de actividades específicas a entidades y particulares se va a reflejar en cuatro etapas, que son el diseño, las funciones principales preparatorias, el desarrollo y la fase del postevento:

■ **El diseño:** la idea que se tenga debe ser innovadora, una actividad distinta de las de la competencia. Se elaborará una estrategia de *marketing* que permita tener éxito en el evento y que llegue al mayor número de gente posible sean o no sean clientes o usuarios de las instalaciones.

■ **Funciones principales preparatorias:** estas variarán según el evento y lugar en el cual se realicen. Se van a enunciar las principales:

▪ **Función administrativa financiera:** se evaluará el coste y la viabilidad del evento.

▪ **Función legislativa y de seguridad:** se pedirán los permisos y licencias pertinentes en el caso de que sean necesarios y se establecerá la zona de seguridad para evitar altercados.

▪ **Función de la comunicación y los medios de comunicación:** se enviará información relativa al evento, con todas sus características, a los medios de comunicación de la zona, para así tener más impacto mediático.

▪ **Función logística:** se organizarán los medios, los métodos y los recursos humanos y materiales necesarios para la realización del servicio o evento, así como la instalación en la cual se desarrolla el evento (gimnasio, pista polideportiva, piscina, etc.).

▪ **Función deportiva:** objetivos generales y específicos del evento: analizar la actividad que se va a desarrollar, tener claro el público objetivo para el cual se desarrolla, y la duración y organización de la sesión de trabajo. Y por último, tener orden de participación en el caso de que sea necesario.

 Sabía que...

Según el Ranking ICCA, España es el segundo país del mundo en número de eventos organizados en 2022, solo por detrás de EE. UU.

Estas funciones son el eje principal de los eventos deportivos, tanto en *fitness* seco como acuático. De la organización de estas y la interrelación que exista entre ellas va a depender el éxito o el fracaso del evento deportivo.

■ **El desarrollo:** esta etapa requiere especial atención, y una concentración muy alta, ya que es la etapa en la cual se realiza el evento deportivo, y requiere un estado de alarma por parte de todo el equipo humano que participa. Se debe atender al público, a los medios de comunicación, colaboradores, respetar la seguridad, la dirección del espectáculo y la dirección deportiva, entre otros aspectos. Hay que buscar la excelencia y todo debe salir tal y como se ha organizado o incluso mejor.

■ **La fase del postevento:** en esta fase se realiza una evaluación del evento en todas las facetas (organizativa, económica, comunicación, satisfacción, etc.). Es una de las fases más importantes porque no va a permitir conocer los aciertos y errores, lo cual no va a dar una perspectiva de futuro para los siguientes eventos. Por lo tanto, se debe utilizar la herramienta de evaluación para marcar las directrices de los futuros eventos.

4.3. Organización y gestión de los recursos

Esta fuera de toda duda la importancia que tienen los recursos en cualquier tipo de organización y de gestión. Cualquier actividad, evento o proyecto deportivo necesita una serie de esfuerzos y de capacidades que hagan que este sea el mejor. Todo evento deportivo gira alrededor de las personas, que son los recursos más importantes, ya que sin ellas no se podría desarrollar el cometido.

En este apartado hay que centrarse especialmente en la organización y gestión de los recursos humanos, entre otros.

Los recursos humanos aplicados a la gestión

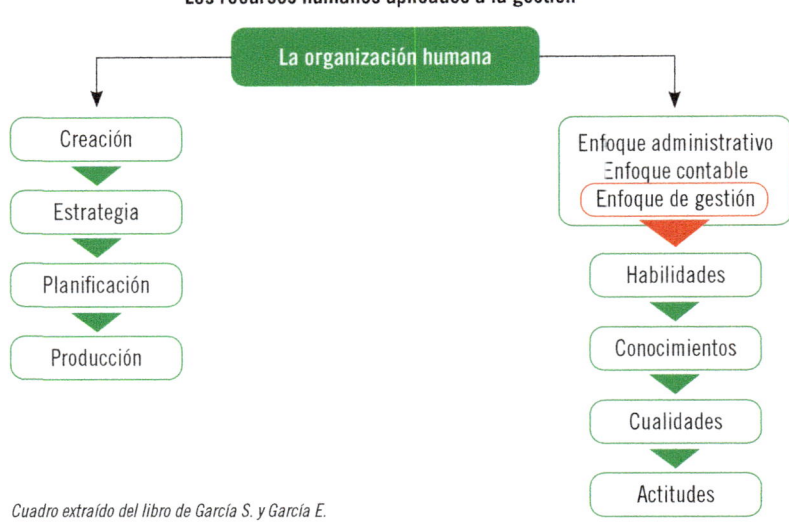

Cuadro extraído del libro de García S. y García E.

A su vez, la organización humana se puede dar desde tres puntos de vista:

- Enfoque administrativo-legal
- Enfoque contable-costes
- Enfoques de gestión:

  - Enfoque de servicios
  - Enfoque de metas

Siempre que se organizan eventos, y sobre todo si son de índole deportiva, la organización y la gestión de los recursos humanos debe ser integral y se deben tener en cuenta los enfoques anteriores.

Otro tipo de recursos que también se debe tener en cuenta son los siguientes:

- Coordinación de los técnicos.
- Elaboración de presupuestos.
- Previsión de materiales.
- Control de los puntos anteriores.

En cualquier planificación se deben tener en cuenta varios aspectos, como el número de participantes, el lugar en el cual se va a realizar, las ventajas que se van a obtener, así como la seguridad de los participantes y trabajadores, la rentabilidad social y económica, el tiempo que se tarde en su organización y la duración del evento. Y lo más importante dentro de la organización y gestión de los recursos es definir la meta y los objetivos que se quieren alcanzar.

Dentro de la organización y gestión de recursos, las empresas organizadoras de eventos deportivos en determinadas ocasiones suelen prestarle más atención a los enfoques administrativos contables y a la gestión que a los propios recursos humanos.

4.4. Procedimientos administrativos básicos

La administración es la parte encargada de la planificación, organización, dirección y control de los recursos (humanos, materiales, financieros, etc.) de una organización; a través de una buena administración se pretende obtener el mayor beneficio, puede ser económico o social, dependiendo del objetivo que se persigue a la hora de la planificación del evento.

Según Münch y García, se puede entender administración como: "el proceso cuyo objeto es la coordinación eficaz y eficiente de los recursos de un grupo social para lograr sus objetivos con la máxima productividad".

Las funciones administrativas en un enfoque sistémico conforman el proceso administrativo. Cuando se consideran aisladamente los elementos planificación, organización, dirección y control, son solo **funciones administrativas,** pero cuando se consideran estos cuatro elementos (planificar, organizar, dirigir y controlar) en un enfoque global de interacción para alcanzar objetivos, forman el **proceso administrativo.**

Chiavenato, en su libro Teoría General de la Administración, entiende las funciones del administrador como un proceso sistemático, reflejado en la siguiente imagen:

Introducción a la Teoría General de la Administración. Autor: I. Chiavenato

Planificación
- Decisión sobre los objetivos
- Definición de planes para alcanzarlos
- Programación de actividades

Organización
- Recursos y actividades para alcanzar los objetivos
- Órganos y cargos
- Atribución de autoridades y responsabilidad

Dirección
- Designación de cargos
- Comunicación, liderazgo y motivación de personal
- Dirección para los objetivos

Controlar
- Definición de estándares para medir el desempeño
- Corregir desviaciones y garantizar que se realice la planeación

Como se puede observar, todas las funciones administrativas están interrelaciones y cada una de ellas tiene unos aspectos a cumplir, que pueden variar en mayor o menor medida dependiendo del tipo de evento.

Una vez definido cuál sería el proceso administrativo, es necesario llevarlo a cabo. A continuación, se verá en un esquema cómo sería esa operación llevada a cabo por la formación de una empresa, puesto que para un evento deportivo se siguen los mismos pasos, ya que lo que se pretende es el éxito.

Operación del proceso administrativo

Dirección
(para crear la empresa)

La misión
La estrategia del producto
La estrategia de comercialización
La estrategia de producción
La estrategia de la infraestructura
La estrategia de la planeación

Dirección
(para operar la empresa)

La misión, políticas, normas, cultura organizacional
La estrategia del producto
La estrategia de comercialización
La estrategia de producción
La estrategia de la infraestructura
La estrategia de la planeación

Planeación

Comercialización

Estrategias de comercialización
Estrategias de producto
Estrategias de empaque y marca

Producción

Estrategias de proceso productivo
Estrategias del producto
Estrategias de capacidad
Estrategias de ubicación

Infraestructura

Estrategias de adquisición
Estrategias de contratación
Estrategias financieras
Estrategias de la organización

Planeación

Estrategias sobre adquirir o desarrollar tecnología

Planeación

El plan, la tecnología, los recursos, metas, tácticas, asignación y secuencia de tareas

Infraestructura

Presupuestos
Costos
Evaluación del proyecto

Adquisición de la infraestructura
(para la creación de la empresa)

Financiamiento
Construcción de la planta
Formación de la organización
Operaciones *outsourcing*
Elaboración de sistemas y modelos

Adquisición de la infraestructura
(para la creación de la empresa)

Operaciones de mantenimiento y mejora continua a los recursos: organizacionales, financieros, humanos, materiales
Capacitación, compras

Producción

Operaciones del modo de producción
Operaciones del modelo de control de porducción

Comercialización

Operaciones del modelo de comercialización
Operaciones del modelo de *marketing* mix

Control

Operaciones de control

A continuación, se va a ver toda la operación anterior aplicada a los eventos deportivos.

- **Dirección:** en esta fase, el equipo directivo es el encargado de dirigir el evento, ya sea en seco o acuático. Debe marcar el objetivo que se pretende lograr, así como las estrategias que se van a utilizar y a su vez coordinar las actividades que se van a llevar a cabo, tomar las decisiones y resolver los problemas que puedan surgir.
- **Planeación:** consiste en definir **quién** va a realizar las tareas, asignar cada área a un departamento y definir responsabilidades y obligaciones, **cómo** se van a realizar y **cuándo** se van a llevar a cabo. En definitiva, lo que se pretende es organizar y estructurar todo el evento.
- **Producción-ejecución:** poner en práctica lo anteriormente definido. Requiere la organización y coordinación de los recursos y llevar un control del modelo de producción.
- **Evaluación:** es necesario evaluar y controlar todo el evento. Es difícil tomar decisiones si no se mide y se controla lo que se realiza. Se deben comparar los objetivos y metas fijados con la realidad y, en el caso de que no se cumplan, ver qué medidas se pueden utilizar para conseguir lo propuesto. Y todos los departamentos deben ser evaluados a través del control de gestión.

4.5. Técnicas de ofertas y difusión de eventos

Las técnicas de ofertas y difusión de eventos pueden ser muy variadas. Esto dependerá del evento y del objetivo que se quiera conseguir. Entre estos, se encuentra conseguir el mayor número de asistentes de público potencial.

Para llevar a cabo las técnicas de ofertas y difusión de eventos es necesario contar con un equipo especializado para que se encargue de esta etapa, para poder utilizar las mejores técnicas y plantear una estrategia de difusión adecuada que cubra el interés de los clientes o participantes en el desarrollo del evento deportivo.

Es necesario definir dos cuestiones:

■ Cuál es el mensaje a comunicar.
■ Cómo es el público que se quiere atraer.

Para transmitir el mensaje, este debe ser claro y debe responder a los siguientes interrogantes:

■ **¿Quién? - *Who?*** Hay que buscar a personas/clientes que se interesen por las actividades, a los que hay que dirigirse para poder transmitir el mensaje y evento. Estos pueden ser los propios usuarios dentro del centro deportivo o gimnasio o externos, en función del objetivo. Se debe dejar claro quién organiza el evento deportivo.
■ **¿Qué? - *What?*** ¿Qué mensaje se quiere lanzar o transmitir? Destacar sus nombres y sus contenidos.
■ **¿Dónde? - *Where?*** Sería la infraestructura en donde se va a realizar el evento. Es necesario tener claro qué tipo de evento se va a realizar para poder utilizar un canal adecuado.
■ **¿Cuándo? - *When?*** Hay que saber cuándo los clientes están más receptivos para poder lanzar toda la información posible. Y definir una fecha y duración del evento.
■ **¿Por qué? - *Why?*** ¿La información que se está dando es realmente útil? Son los clientes o usuarios quienes deciden. Por lo tanto, se deben crear eventos que motiven y llamen la atención.

A estas 5 preguntas, se les podría añadir una sexta, sería el:

■ **¿Cómo? - *How?*** Sería el desarrollo del evento, con sus recursos y patrocinios. Hay que averiguar, investigar, conocer a los clientes y ver qué quieren para así dárselo. Se debe crear un evento valioso y que le de valor a la marca.

Las "5 W" del *marketing*

 Actividades

6. Piense en estas preguntas y responda a cada una de ellas, imaginando que es el responsable de un centro deportivo o gimnasio.

Por otro lado, hay que analizar al público objetivo, el *target,* analizar el perfil de los clientes, así como los potenciales. Una vez que estén bien claros cuáles son esos puntos, ver cuáles son los canales de difusión más óptimos y reales.

Los principales canales difusión se pueden clasificar según si son para antes, durante o después de un evento deportivo. A continuación se presentan algunos de ellos, ya que según la magnitud del evento, así tendrá que ser su difusión.

- Antes del evento:

  - Folletos, tarjetas, invitaciones, etc.
  - Envío de información a través de correos electrónicos.
  - Calendarización y planificación de las acciones promocionales.

▌ Publicidad: radio, prensa y televisión.

▌ Acciones en redes sociales.

■ Antes, durante y después del evento:

▌ Redacción y envió de material a la prensa, para que publique el evento y adquiera mayor dimensión.

▌ Crear una revista con las actualizaciones y novedades. Esta puede ser interna, externa o ambas.

▌ Publicidad en los diferentes medios de comunicación.

▌ Invitaciones para los medios de comunicación.

▌ Crear un diario interno, en el cual se apuntarán todos los detalles del mismo.

▌ Realizar una rueda de prensa.

Es importante realizar un control de las publicaciones que se realizan y, a la vez, medir la repercusión del evento para que así se pueda mejorar la difusión uno tras otro.

Algunos de los principales canales de difusión son estos:

■ **Página web:** en ella se puede anunciar y difundir toda la información relevante al evento.

■ **Correo electrónico:** se debe contar con una base de datos, para así poder mandar la información. Puede ser muy útil, ya que se puede llegar a mucha gente con un bajo coste.

■ **Redes sociales:** algunas de las más conocidas pueden ser *Facebook* o *X*.

Logo de *X* y *Facebook*

(© Fotografía izquierda: AdriaVidal / Shutterstock.com)
(© Fotografía derecha: ClassicVector / Shutterstock.com)

Actividades

7. Realice una búsqueda en internet sobre las páginas web de diferentes centros deportivos, y observe si tienen información relacionada con sus eventos deportivos.

- **Correo directo:** realizar un folleto informativo. Esto se debe realizar previo al evento y se enviarán directamente a las casas de los clientes/usuarios.

Sabía que...

En 2023, el dueño de *Twitter* (Elon Musk) cambió el nombre y logo de la empresa por *X*.

4.6. Acciones promocionales: instrumentos promocionales utilizados en el ámbito del *fitness* – métodos de control de las acciones promocionales

Las acciones promocionales se engloban dentro los pilares del *marketing*. Estas tienen varios objetivos, entre ellos, atraer la atención, intentar romper la monotonía del día a día, incrementar el número de ventas, en el caso de que se realicen bien mejorar la imagen de la empresa y ayudar a fidelizar a los clientes.

Todas las acciones promocionales hacen que la marca y, por lo tanto, el centro deportivo tengan un valor añadido, y así poder obtener mayores beneficios.

Se debe elegir bien la técnica, así como los instrumentos promocionales, ya que cada evento debe ser único y especial. Por lo tanto, se debe tener claro la promoción en cuestión y el público al cual se dirige.

Las distintas acciones promocionales deben seguir una estrategia planificada, las cuales forman parte del plan de *marketing* y comunicación del centro deportivo o empresa que organice el evento. Una mala planificación puede perjudicar la puesta en marcha del evento y, por lo tanto, la no consecución de los objetivos.

Los principales objetivos del *marketing* promocional son los siguientes:

- Apoyar la introducción de nuevas actividades y productos.
- Dar salida a los excesos de *stock.*
- Obtener liquidez a corto plazo.
- Incentivar y apoyar a los clientes.
- Crear barreras a la competencia.

Las acciones promocionales deben basarse en el cumplimiento de los objetivos y estas se concretan para enfocar y atraer la atención sobre la marca, en este caso, el nombre del gimnasio. Estas acciones promocionales pueden servir bien para darse a conocer o bien para fidelizar a los clientes.

Los instrumentos promocionales dentro del ámbito del *fitness* tanto en seco como acuático pueden ser los siguientes:

- Promociones de tipo económico:

  - Ofrecer a los clientes muestras a bajo coste o gratuitas (descuentos, vales, regalos, sorteos, *master class,* clases temáticas, etc.).
  - Descuentos, promociones o rebajas que se presentan en el momento de adquirir la entrada del evento o la mensualidad.

- Promociones de regalo añadido:

  - Concursos, rifas y juegos que ofrezcan la posibilidad de ganar algo por azar.

■ Valorar la participación en los eventos, a través de acumulación de puntos por participación.

■ Promociones en especie.

Vales de descuento

 **Actividades**

8. Busque promociones de regalo añadido y enumere los diferentes artículos que encuentre.

Y algunos de los artículos que se pueden utilizar scn estos:

■ Caramelos y golosinas con el nombre de la empresa.

■ Llaveros.

■ Artículos de oficina (bolígrafos, agendas, calendarios, etc.).

■ Cestas (día de la madre, día de la mujer, Navidad, etc.).

- Acciones en punto de venta:

  - Crear puntos de información que sean accesibles, que permitan el contacto.

- Acciones en otros puntos:

  - Similares a los anteriores pero creándolos en puntos de ocio, descanso, espectáculos.

Métodos de control de las acciones promocionales

Los métodos de control de las acciones promocionales se pueden dividir en dos apartados. Estos son los siguientes:

- **El control que se debe hacer durante la realización de la promoción:** gracias a este control de los indicadores se pueden realizar las correcciones que sean oportunas para asegurar y garantizar el resultado.
- **El control a realizar al final de la promoción:** se deben realizar controles al finalizar la promoción, esto va a permitir medir los resultados y compararlos con los objetivos que se han planteado.

Los criterios de control a la hora de la evaluación deben ir ligados a los objetivos que se plantean, y siempre debe primar la consecución de los mismos. Aquí se van a dividir en dos tipos de criterios, que son los siguientes:

- **Criterios cualitativos:** centrados en aspectos relacionados con la cualidad (sería el modo de ser o la propiedad de algo). Así pues, un análisis cualitativo está orientado a definir las características de alguna cosa. En este caso, el evento deportivo. Por lo tanto, los criterios cualitativos se centran especialmente en la calidad.
- **Criterios cuantitativos:** son criterios que se centran más en la medición, relacionados con las cantidades, utilización de técnicas estadísticas y lenguaje matemático. Tienen por finalidad la cuantificación de la información recolectada. Una técnica muy común que se puede utilizar son las encuestas.

Actividades

9. Imagine un evento concreto y cree brevemente diferentes acciones promocionales del mismo.

5. Diseño de la planificación de eventos en el ámbito del *fitness*

Previo al desarrollo de los epígrafes de este punto, se hace necesario aclarar qué es planificar, qué es una planificación.

El concepto de **planificación** es definido por un gran número de autores en función del contexto de aplicación. La Real Academia Española (2019) define planificación como "plan general, metódicamente organizado y frecuentemente de gran amplitud, para obtener un objetivo determinado, tal como el desarrollo armónico de una ciudad, el desarrollo económico, la investigación científica, el funcionamiento de una industria, etc.".

Mestre (2004), define la planificación en un contexto deportivo como "un proceso que persigue la consecución de unos resultados, establecidos de antemano, en relación a unas necesidades, existentes o creadas; su sistemática consistirá en analizar, prever y ordenar las acciones posibles y los medios disponibles, buscando la eficiencia y la eficacia, controlando y evaluando su desarrollo y los logros alcanzados".

5.1. Estructura anual de la planificación de eventos

Un proceso de planificación en la gestión deportiva, relacionada directamente con la planificación de eventos en *fitness*, puede clasificarse, atendiendo al criterio de temporalidad, según Mestre (1994), en:

- Estratégica o a largo plazo (6-10 años).
- Intermedia, táctica o medio plazo (2-5 años).
- A corto plazo, operacional o inmediata (1 año).

Aquí, la que interesa más para los eventos es la inmediata (anual).

La planificación a medio o corto plazo es consecuencia de los planes estratégicos y lleva a la planificación diaria. Se debe tener en cuenta que, al finalizar cada periodo planificado, los resultados han de someterse a un control, para así poder realizar las correcciones y ajustes pertinentes de tal forma que ayude a integrarlos en los planes del periodo siguiente.

La planificación anual se diferencia del resto en que:

- Se extrae de los planes a largo plazo, donde se detallan los objetivos anuales.
- Se debe comprobar si las medidas propuestas para alcanzar los objetivos marcados a largo plazo tienen relación con los objetivos anuales propuestos.
- Finalizado el período, se debe comprobar qué objetivos y medidas hay que aplicar al año siguiente.

Si se habla de una gran entidad deportiva que gestiona sus propios eventos, se encuentran características concretas que definen la planificación operacional:

- Se da dentro de los planteamientos surgidos en la planificación estratégica o en la táctica.
- Es conducida y ejecutada por los jefes de menor rango.
- Trata con actividades programables (eventos en *fitness)*.
- Sigue procedimientos y reglas definidas con precisión.
- Cubre períodos reducidos.
- Su parámetro principal es la eficiencia.

No se puede detallar más la planificación anual si se deja de lado el carácter de la entidad gestora de los eventos en *fitness* y su programación estratégica. Por ello, se pasa al siguiente punto.

Al planificar, se centran los esfuerzos en una
dirección, marcada por la esencia de la entidad

 **Recuerde**

La planificación de eventos en *fitness* puede clasificarse, atendiendo al criterio de temporalidad, según Mestre (1994), en:

I Estratégica o a largo plazo (6-10 años).
I Intermedia, táctica o medio plazo (2-5 años).
I A corto plazo, operacional o inmediata (1 año).

5.2. Integración en la programación general de la entidad

La planificación anual de los eventos en *fitness* seco y acuático se ve reflejada en el POA (Plan Operativo Anual) de la entidad.

Según Paris Roche (2005), el POA presenta las siguientes características:

- Está asociado con el plan estratégico de la organización.
- Está incorporado en el presupuesto de la organización, ya que es una parte integrante.
- Se vincula a la gestión e incluye todos los proyectos a realizar cada año por la organización deportiva.
- Se asocia con el rendimiento del personal.

■ Además, define:

  ▌ Los proyectos
  ▌ Las tareas
  ▌ Los responsables
  ▌ Las fechas
  ▌ Los resultados esperados

Los objetivos del POA son:

■ Uniformar la conceptualización y presentación de los programas de trabajo para realizar estudios comparativos de las distintas actividades.
■ Evaluar los beneficios y los costos de cada programa para fijar prioridades de acción.
■ Estudiar el grado de compatibilidad y consistencia interna de cada programa a través de metas cualitativas y cuantitativas.
■ Establecer coeficientes de rendimiento de los recursos para medir la eficiencia de las metas y los medios para lograrlas.
■ Facilitar la coordinación entre la planificación operacional y la estratégica.
■ Identificar y medir los costos de los resultados finales.
■ Desarrollar una herramienta que facilite la contabilización de gastos y estados financieros que permitan la evaluación de la organización.

El POA es el elemento de unión entre el nivel estratégico y el nivel operativo. Gracias a esto se pueden lograr los deseos de la organización a través de la acción diaria, lo que significa conducir el día a día de la entidad de acuerdo con los objetivos y las líneas estratégicas. Se puede decir que de esta forma se integra la planificación en la programación general de la entidad porque, como se verá a continuación, el plan estratégico es el que define la organización gestora de eventos en *fitness.*

 **Actividades**

10. Busque un Plan Operativo Anual cuya temática sea deportiva.

Plan estratégico

Sainz de Vicuña (2011) dice que "al hablar del plan estratégico de la empresa, nos estamos refiriendo al plan maestro en el que la alta dirección recoge las decisiones estratégicas corporativas que ha adoptado hoy en referencia a lo que hará en los próximos años para lograr una empresa competitiva que le permita satisfacer las expectativas de sus diferentes grupos de interés".

Yerga (2009) aporta que un plan estratégico es un instrumento de gestión que establece objetivos en un clima de consenso y participación colectiva. Supone una metodología de cambio que busca superar la imprevisión con nuevas formas de anticipación de lo deseado y de lo posible.

Añade además que gracias al plan estratégico existe un pacto entre dirección, agentes económicos y sociales para la gobernabilidad, con visión de futuro, como sistema para la toma de decisiones. Por último, añade que es un reto que consiste en consensuar una visión de futuro deseable y un proceso orientado a la acción.

Objetivos del plan estratégico (París Roche, 2009):

- Reflexionar sobre los objetivos generales y objetivos estratégicos.
- Establecer y fijar, para toda la organización deportiva, esos objetivos.
- Implicar y motivar a los trabajadores y colaboradores de una organización en relación a las metas a alcanzar por la misma.
- Estar preparado para el futuro.

París Roche (2009), también establece qué características debe tener un plan estratégico:

- Flexible
- Global
- Operativo
- Participativo
- Formal
- Conocido

No se puede entender lo que supone un plan estratégico sin saber al menos, a grandes pinceladas, cómo se elabora. Esto permite comprobar hasta qué punto la planificación es tan importante y cómo, según la entidad organizadora de eventos, todo gira en torno al carácter y esencia de la misma.

Fase I: el diagnóstico en una organización deportiva

Está basado en el análisis del entorno, donde se identifican objetivos y estrategias, se combina información objetiva y cualitativa, se abarcan áreas claves del servicio (clientes y mercado, instalaciones deportivas, programas deportivos, etc.) y todo desde una perspectiva interna y externa. Para este diagnóstico se utiliza la matriz DAFO.

Fase II: misión, visión y valores

La misión, visión y valores responden a las preguntas primarias que deben plantearse los fundadores cuando crean una empresa. Son la cultura de una empresa y, como afirma Matilla (2011), su credo fundacional.

La **misión** es el propósito central para el que se crea un ente, la **visión** responde a la pregunta "¿qué queremos que sea la organización en los próximos años?" y los **valores** son el conjunto de principios, creencias y reglas que regulan la gestión de la organización y constituyen la filosofía institucional, además de suponer el soporte de la cultura organizacional.

Fase III: diseño del plan

Para ello, hay que:

- Establecer los objetivos generales o corporativos.
- Formular y seleccionar los objetivos estratégicos.
- Establecer los proyectos (el ya citado Plan Operativo Anual).

Fase IV: ejecución del plan

Cosiste en llevar a la práctica la planificación estratégica. Para ello, se ejecutan las medidas, acciones y actividades de cada proyecto para alcanzar de forma progresiva las líneas estratégicas, los objetivos generales y la visión del plan que se ha diseñado.

Está muy relacionada con la fase de seguimiento y evaluación, ya que siempre es necesario dirigir la planificación adaptándola a nuevas situaciones. Aquí es donde realmente se demuestra la viabilidad del plan.

Fase V: seguimiento y evaluación del plan

Para realizar un seguimiento, se hace necesario implantar un sistema de control que permita evaluar analizando la información obtenida y compararla con las referencias establecidas. Esto se hace posible si se seleccionan unos indicadores que permitan fijar y poner límite a los objetivos. Estos indicadores pueden ser cualitativos o cuantitativos, relativos al personal, actividades, resultados, demanda de los servicios, oferta de servicios e impacto social, todos ellos medibles objetivamente.

 Sabía que...

El Consejo Superior de Deportes en colaboración con las comunidades autónomas, las entidades locales, universidades y otros organismos ministeriales, junto con la necesaria

Continúa en página siguiente >>

<< Viene de página anterior

participación del sector privado, puso en marcha en 2020 el Plan integral para la actividad física y el deporte, con el fin de impulsar el acceso universal a una práctica deportiva de calidad para el conjunto de la población.

 Actividades

11. Enumere las cinco fases anteriormente descritas y haga un resumen de ellas.

5.3. Tipos de planificaciones de eventos en el ámbito del *fitness*

Mestre Sancho (1994) establece que la planificación puede estructurarse en función de consideraciones distintas, pero las más comunes suelen ser las temporales y las geográficas. Las temporales ya se han mencionado anteriormente. No obstante, en este apartado se verán con mayor profundidad.

Temporales

En este apartado se hace referencia a la planificación deportiva en general, aunque dependiendo del tipo de evento, se puede establecer si la planificación se realiza a corto o a largo plazo. Es evidente que no requiere el mismo período de planificación un mundial de baloncesto que una *master class* de *aquagym* en la piscina municipal. Por ello, hay que planificar en función de la magnitud y tipo de evento que se quiera programar.

Planificación a corto plazo, operacional o inmediata

Se consideran también planificaciones de choque, las cuales no sobrepasan los dos o tres años. Cuanto menor sea su periodo de vigencia, más se puede centrar su análisis en aspectos cuantitativos y de resolución inmediata.

Es el tipo que se utiliza en la mayoría de los eventos en *fitness*.

Planificación a medio plazo, intermedia o táctica

Resulta el paso intermedio entre la inmediata y la estratégica, aunque no por ello supone la existencia de ambas. No debe sobrepasar los cuatro años de duración. Además, por su mayor duración permite introducir más cómodamente y mejor los aspectos cualitativos de la situación, del proceso y de los objetivos y fines.

Planificación a largo plazo o estratégica

Es la de mayor ambigüedad, ya que su destino es el más alejado en el tiempo. Un evento no se planifica con tanta antelación, ni siquiera la preparación de un deportista, que planifica su entrenamiento en función de los períodos olímpicos como mucho. Esta planificación se llevaría a cabo para grandes eventos, que requieran de construcción o habilitación de infraestructuras, como por ejemplo unos Juegos Olímpicos.

Geográficos

Suelen ser de un tipo que actúa con rango geográfico en paralelo al temporal, por lo que uno de ellos englobará al otro necesariamente.

Como modelos de planificaciones geográficas, se encuentran los de rango nacional, autonómico, provinciales, locales, de barrio, etc.

 Actividades

12. Ponga un ejemplo de evento deportivo *fitness* seco y acuático encuadrado dentro de un ámbito de actuación geográfico.

5.4. Planes alternativos

Un plan se elabora precisamente para que no haya imprevistos durante la ejecución del mismo, pero no siempre se desarrolla según lo programado, ni como se espera.

Precisamente por esta razón se elaboran los planes, se marcan unos objetivos y unos indicadores que demuestran si se ha llevado a cabo el plan con éxito o no. Esto se puede observar en la fase de seguimiento y evaluación. Si esos resultados, mostrados por los indicadores, revelan que el evento no se ha desarrollado según la planificación, habrá que hacer las modificaciones pertinentes para que en el próximo no se cometan los mismos errores. Precisamente por esta razón habrá que pensar en alternativas para incluirlas en el nuevo plan.

Cuanta mayor previsión y planificación se tenga sobre el evento, menores imprevistos acontecerán durante el mismo. No obstante, hay parámetros que se escapan del control, como puede ser el tiempo atmosférico. Por ello, dentro del mismo plan, hay que considerar alternativas a las actividades programadas siempre que sea posible, como pueden ser cambios en la localización, posponer el evento o incluso suspenderlo, como último recurso.

Habrá situaciones que se puedan ir modificando sobre la marcha. Por ejemplo, si se agotan los botellines de agua que se suministran gratis a los participantes de un evento, alguno de los organizadores puede ir a buscarlos a cualquier establecimiento que los pueda vender y de esta forma reponer lo que ha faltado. Otras veces serán los mismos instructores y monitores los que tengan que realizar las modificaciones necesarias durante el desarrollo, cuanta más experiencia tengan estos mejor, ya que sabrán adaptarse mejor a los participantes con sus demandas y límites, que pueden no responder a la previsión de la planificación.

Si un evento se ha planificado en el exterior y el tiempo atmosférico lo impide, una alternativa para su desarrollo puede ser realizarlo en un pabellón.

 Aplicación práctica

Imagine que ha creado un evento *fitness* seco (*master class* de ciclo) en el exterior de su centro deportivo, y por inclemencias meteorológicas, que se escapan de control, comienza a llover en mitad del evento. ¿Cuál sería un plan alternativo?

SOLUCIÓN (Posible solución)

En este caso, el evento se realiza en la pista externa del centro deportivo, y se ha transportado, colocado y organizado todo el material.

Ha dado comienzo el evento y a la mitad de su desarrollo se produce una tormenta. Los pasos que se han seguido son los siguientes.

Ejemplo:

Lo primero que se debe hacer es organizar y proteger a los clientes. Una persona encargada del evento llevará a cabo el protocolo de seguridad y prevención de accidentes, ya que si todos salen corriendo a la vez, pueden tener algún accidente, como que se resbalen, por lo que debe primar la cautela y la tranquilidad.

Continúa en página siguiente >>

<< Viene de página anterior

Otro componente del grupo deberá proteger el equipo de música del agua, tapándolo con algún de material, como por ejemplo poniendo un plástico por encima de los altavoces y equipo de sonido.

Por último, el equipo organizador deberá proteger los instrumentos de trabajo (bicicletas), ya que es un material costoso y no están preparadas para trabajar con este tipo de condiciones meteorológicas como una bicicleta normal. Una vez llegados a este punto, se pueden tener dos opciones:

1. Taparlas al igual que se ha hecho con el equipo musical, y esperar un momento a que pase la tormenta o protegerlas en un lugar en el cual no se mojen en exceso y esté cercano a la realización para poder reanudar la clase en el momento que pase la tormenta.
2. Disponer de un grupo de trabajo, coordinarlo para trabajar de forma efectiva y eficaz, siempre con seguridad, para llevar las bicicletas a la sala interior del centro deportivo y, una vez allí, continuar con la *master class* hasta llegar a su finalización.

6. Resumen

La planificación de eventos, competiciones y concursos en *fitness* seco y acuático está cada vez más en boca de todos, ya que el deporte está evolucionando mucho y existe un gran número de personas que día a día van a gimnasios o centros deportivos a practicarlo.

Existen diferentes estructuras organizativas que pueden organizar eventos. Estas pueden ser de gestión directa, empresas adjudicatarias, gimnasios o clubes y la gestión mixta.

Independientemente de la estructura organizativa que lo realice, pueden ser programas individuales o colectivos. Una vez definido el tipo de evento y la organización que lo realiza, hay que centrarse en el contexto. Este resalta la tipología y carácter de la entidad y el tipo de usuarios-clientes a los que se va a destinar el evento deportivo.

Al existir un mayor número de participantes en los eventos deportivos, existe una mayor repercusión, por lo tanto, se debe de realizar una buena mercadotecnia, en este caso más enfocada al deporte. Una vez realizada esta, se llevará a cabo un plan de viabilidad, el cual abarcará desde las ideas iniciales hasta la forma concreta de llevarlo a la práctica.

Si se observa que el plan es viable, se dará un paso más y se creará una propuesta de actividades, la cual se dividirá en cuatro etapas: el diseño, la fase principal preparatoria, el desarrollo y la fase de postevento. Una vez llevadas a cabo estas, se procederá a la organización de los diferentes recursos (humanos, materiales, admirativos).

Si el evento está correctamente estructurado, llegó el momento de su difusión. A continuación, se utilizarán las acciones promocionales, es decir, los descuentos, regalos, etc. Estas tienen como objetivo la suma de un estímulo adicional al producto y ayudan a cumplir los objetivos planteados.

Como conclusión, resaltar que en el ámbito del *fitness* tanto en seco como acuático es necesario un diseño adecuado de la planificación, ya que si no se realiza una correcta y adecuada planificación existe un riesgo muy alto de no satisfacer a los clientes y, por lo tanto, de no alcanzar el éxito. A su vez, la planificación es fundamental para coordinar todas las áreas de trabajo y permite la obtención de resultados.

Ejercicios de repaso y autoevaluación

1. **Las cuatro estructuras organizativas en relación con la interpretación del programa y de las directrices son:**

    a. Programas individuales y programas colectivos.
    b. Gestión directa, empresas adjudicatarias, gimnasios o clubes y gestión mixta.
    c. Gestión indirecta, empresa adjudicataria, gimnasios o clubes y gestión mixta.
    d. Empresas, colegios y asociaciones.

2. **Conteste si las siguientes afirmaciones son verdaderas o falsas.**

    a. El CSD es un ente deportivo privado.

        ☐ Verdadero
        ☐ Falso

    b. Las funciones y competencias para el fomento y desarrollo de la política deportiva en las comunidades autónomas españolas están establecidas en los respectivos estatutos de autonomía.

        ☐ Verdadero
        ☐ Falso

    c. Las entidades locales están conformadas por ayuntamientos, diputaciones y cabildos.

        ☐ Verdadero
        ☐ Falso

    d. Los entes deportivos privados son el Comité Olímpico Español, el Programa ADO, las federaciones deportivas, las ligas profesionales y las entidades asociativas deportivas.

        ☐ Verdadero
        ☐ Falso

e. Una Sociedad Anónima creada para gestionar una cadena de centros deportivos puede considerarse una Sociedad Anónima Deportiva.

☐ Verdadero
☐ Falso

3. **Nombre los cuatro tipos de usuarios-clientes destinatarios que establece Paz (2005) para diferenciar a los clientes desde la perspectiva del servicio.**

_____
_____
_____
_____

4. **¿Cómo se puede considerar la mercadotecnia deportiva según la visión de cada actividad comercial?**

a. Patronato empresarial y endoso.
b. Estrategia comercial.
c. Análisis de las oportunidades de mercadeo.
d. Patrocinio empresarial, endoso y mercadotecnia de eventos.

5. **Rellene los huecos:**

El objetivo de los estudios de viabilidad es permitir _____ la _____ _____ del proyecto que se quiere elaborar. Es decir, que nuestra idea empresarial tenga _____.

6. **Enuncie las cuatro etapas que se pueden encontrar en una propuesta de actividades específicas a entidades y particulares.**

_____
_____
_____
_____

7. **La organización humana se puede organizar desde tres puntos de vista:**

    a. Enfoque administrativo, enfoque contable y enfoques de gestión.
    b. Coordinación de técnicos, elaboración de presupuestos y previsión de materiales.
    c. Enfoque de servicios, enfoque de metas y enfoque de ventas.
    d. Recursos humanos directos, indirectos y mixtos.

8. **Cuando se consideran aisladamente los elementos planificación, organización, dirección y control...**

    a. ... son funciones recreativas.
    b. ... son funciones administrativas.
    c. ... forman el proceso administrativo.
    d. Las opciones b y c son correctas.

9. **¿Qué significan las "5 W" del *marketing?***

    a. Cómo, cuándo, dónde, qué y por qué.
    b. *What, Where, When, How, Why.*
    c. *Who, Where, When, What* y *Why.*
    d. Las opciones a y c son correctas.

10. **Nombre los principales objetivos del *marketing* promocional.**

    _____
    _____
    _____
    _____

11. **¿Qué autor afirma que la planificación es "un proceso que persigue la consecución de unos resultados, establecidos de antemano, en relación a unas necesidades, existentes o creadas; su sistemática consistirá en analizar, prever y ordenar las acciones posibles y los medios disponibles, buscando la eficiencia y la eficacia, controlando y evaluando su desarrollo y los logros alcanzados"?**

    a. Dror
    b. Mestre Sancho

c. Yerga
d. Paris Roche

12. Seleccione la afirmación correcta.

a. Una planificación estratégica dura de 6 a 10 años.
b. Una planificación intermedia es también llamada operacional.
c. Una planificación operacional suele ser anual.
d. Las opciones a y c son correctas.

13. Conteste si las siguientes afirmaciones son verdaderas o falsas.

a. El POA está asociado con el Plan Estratégico de la Organización.

☐ Verdadero
☐ Falso

b. El POA es el elemento de unión entre el nivel estratégico y el nivel operativo.

☐ Verdadero
☐ Falso

c. Un objetivo del POA es reflexionar sobre los objetivos generales y objetivos estratégicos.

☐ Verdadero
☐ Falso

d. La misión, visión y valores responden a las preguntas primarias que deben plantearse los fundadores cuando crean una empresa.

☐ Verdadero
☐ Falso

e. Los indicadores solo son cuantitativos y nos permiten fijar y poner límite a los objetivos.

☐ Verdadero
☐ Falso

14. **Mestre Sancho (1994) establece que la planificación puede estructurarse en función de consideraciones distintas, pero las más comunes suelen ser las _____ y las _____.**

15. **Los planes alternativos...**

    a. ... siempre se ejecutan.
    b. ... deben incluirse necesariamente en la previsión.
    c. ... deben evitarse.
    d. ... resultan útiles para no aplazar o suspender un evento.

Capítulo 3
Organización-dinamización de eventos en el ámbito del *fitness* seco y acuático

Contenido

1. Introducción

Si algo está de moda actualmente y se convive con ello casi todos los días, eso es el deporte. Por lo tanto, hoy por hoy se suelen organizar bastantes eventos deportivos.

A través de la organización y difusión de los eventos en el ámbito del *fitness* seco y acuático, se fomenta el contacto con los usuarios y a la vez se les hace participes de las ideas del centro deportivo, con lo cual se consigue un vínculo, que ayuda a la fidelización de los clientes.

Una buena dinamización de las actividades es uno de los motivos principales por los que los usuarios aumentan su continuidad y su periodicidad en las visitas al centro deportivo.

2. Promoción e información

Para que un futuro cliente se apunte al centro deportivo o a un evento es indispensable realizar una serie de actividades que comuniquen la existencia de este, para que así pueda conocer su existencia, y sentirse persuadido a ir al evento.

Atendiendo a Jerome McCarthy, quien introdujo el concepto de las 4P del *marketing:* Producto, Plaza (lugar), Precio y Promoción; y a William Perreault, "la promoción consiste en transmitir información entre el vendedor y los compradores potenciales u otros miembros del canal para influir en sus actitudes y comportamientos".

La **información** es, según la RAE (2023) "un conjunto organizado de datos relevantes para uno o más sujetos que extraen de él un conocimiento. Es decir, es una serie de conocimientos comunicados, compartidos o transmitidos y que constituyen por lo tanto algún tipo de mensaje".

Esta siempre se debe distinguir de la **comunicación,** siendo esta, según Paoli, el acto de relación entre dos o más sujetos, mediante el cual se evoca en común un significado.

Actividades

1. Elabore su propia definición sobre promoción e información.

2.1. Objetivos de la promoción

Atendiendo a las definiciones anteriores, hay que destacar una definición de Ivan Thompson, publicada en junio de 2010, que dice que la **promoción** es un elemento o herramienta del *marketing* que tiene como objetivos específicos: informar, persuadir y recordar al público objetivo acerca de los productos que la empresa u organización le ofrece, pretendiendo de esa manera influir en sus actitudes y comportamientos, para lo cual incluye un conjunto de herramientas, como la publicidad, la promoción de ventas, las relaciones públicas, el *marketing* directo y la venta personal.

Así pues, la promoción se puede dividir en tres tipos de objetivos: global, básicos y específicos.

Según McCarthy y Perreault, el objetivo global de la promoción es influir en el comportamiento.

Los objetivos específicos de la promoción se basan principalmente en tres:

- **Informar:** es simplemente dar a conocer la existencia del evento que se va a realizar, los beneficios que este tiene, cómo va a funcionar, dónde se va a realizar, etc. El evento fracasará si nadie sabe que se va a realizar.
- **Persuadir:** es inducir o mover al grupo con razones para que asistan al evento. Los organizadores del evento crearán un conjunto de actitudes positivas para que asista el mayor número de personas. La promoción persuasiva debe ser un elemento esencial. A su vez, existe competencia con productos similares de otros gimnasios o centros deportivos, por lo

tanto se debe persuadir a los clientes para que elijan esta marca y no la de la competencia.

■ **Recordar:** se debe mantener el evento y el nombre del producto en la mente de los clientes. Existe una competencia muy grande, por lo que hay que estar recordando a la gente la marca para conservar un lugar en sus mentes. Esta parte del objetivo se consigue cuando los clientes ya conocen la marca, y así se trae a su memoria.

 Recuerde

Los objetivos específicos de la promoción son: informar, persuadir y recordar.

Los objetivos básicos dentro de la promoción son los siguientes:

■ Generar conciencia.
■ Obtener el interés.
■ Conseguir la prueba.
■ Lograr la adopción.

2.2. Soportes comunes – criterios de utilización

Los soportes y medios de promoción e información abarcan diversas formas de interacción social. Esta puede ir desde un intercambio de opiniones en una conversación, hasta la relación social entre individuos, los cuales pueden estar conectados por diferentes medios, pudiendo ser estos escritos (prensa, revistas, cartas, mensajes, etc.) o telemáticos (internet, prensa digital, radio, teléfono, etc.).

Hoy en día, existen muchos "medios de comunicación", entendiéndose por estos cualquier procedimiento que se emplee para unir a un receptor y a un emisor. La comunicación se puede realizar entre dos o más personas. Dependiendo del canal, del emisor y del receptor, se utilizarán diferentes medios de comunicación. A la hora de los soportes y su criterio de utilización, este texto se va a centrar en los siguientes: escritos y telemáticos.

Escritos

Dentro de la prensa escrita, se verán los diarios y las revistas.

Diarios

Son medios de comunicación social que aparecen, salvo excepciones, cada día de la semana, y cuya misión es informar, educar y entretener.

En ellos se utiliza la comunicación visual escrita, y esto permite que las personas lo puedan releer todas las veces que deseen. Dentro de sus características, destaca que es un soporte que es palpable, de fácil uso, su campo de distribución puede ser limitado, no suele ser inmediato y puede ahondar más en los hechos, además de que es muy accesible y económico.

Diario local, el cual informa sobre eventos deportivos.

Revistas

Son un medio de comunicación de mayor calidad que los periódicos desde el punto de vista técnico, y estas alcanzan un nivel mayor de especialización. Desde el punto de vista social, también están bien vistas porque cubren sus necesidades personales, ya que existen revistas para todos los gustos.

Se utilizan especialmente para hablar de una cierta especialización, de un tema que puede interesar, motivar y mantener a un público determinado. Y también usan una estima hacia el medio, ya que muchas personas pagan por leerla y muestran interés por su información.

Revistas nacionales relacionadas con el deporte en la cuales se puede publicitar el evento, dependiendo de su magnitud.

 **Actividades**

2. Nombre tres periódicos y tres revistas que estén relacionadas con el mundo del *fitness*.

Telemáticos

La tecnología, a día de hoy, está muy presente y se hace cada vez más imprescindible. Y a través de la telemática se consigue el transporte, almacenamiento y procesado de cualquier tipo de información, ya sea mediante datos, voz o vídeo.

Internet

Este es un medio de comunicación muy importante, actúa como fuente de información y vía de entretenimiento, compra, formación, movilización social, etc.

Las nuevas tecnologías, las redes sociales y las circunstancias actuales de comunicación hacen que el conocimiento y promoción de un evento vaya más allá de la nota de prensa y permiten interacciones con otros usuarios.

Las nuevas tecnologías permiten estar conectado e informado de los diferentes eventos.

El *marketing* digital comprende las distintas acciones comerciales que se realizan a través de las TIC (tecnologías de la información y comunicación). Las principales estrategias de *marketing* digital comprenden: el posicionamiento del evento en buscadores SEO y SEM, a publicidad digital, el *e-mailing marketing* y el *social media* (redes sociales, blog, etc.). El *marketing* deportivo en las redes sociales ha conseguido generar un gran interés entre las personas, sobre todo por la posibilidad de tener un contacto cercano con deportistas e instituciones deportivas de gran relevancia.

Las ventajas de difundir la información a través de las nuevas tecnologías son las siguientes:

- **Alcance geográfico:** el alcance a través de las redes sociales es increíble, lo que permite que el evento pueda llegar a más gente y transmitir más información. Pero es importante segmentar, cuando se trata de eventos locales, para poder centrarse en un sector de la población concreta.
- **Viralidad:** emplea técnicas de la mercadotecnia para intentar explotar las diferentes redes sociales. Esto se debe aprovechar al máximo. Se deben crear *blogs, posts, etc.* que contengan información del evento para poder llegar rápidamente a todos los usuarios.
- **Implicación de los usuarios:** la mayoría de los usuarios están interesados en los eventos, y a través de esa motivación se consigue una implicación. Por lo tanto, estos usuarios se pueden utilizar como difusores del evento, dando la noticia a otros y creando conversación con su entorno próximo.
- ***Feedback:*** gracias a esto se consiguen valoraciones de los usuarios tanto de índole positiva con negativa. Esto puede ayudar a mejorar futuros eventos y que estos sean de mayor calidad.

Radio

Es un medio de difusión masivo muy importante, ya que llega a todas las clases sociales. Es un medio más personal y se beneficia de su inmediatez informativa, basada en la simultaneidad hecho-noticia.

Un factor a favor de la radio es su bajo costo para la difusión de información en comparación con otros medios. Este medio permite utilizar diferentes elementos creativos como música, voces o anuncios comerciales.

La radio tiene una serie de características fundamentales:

- **Inmediatez:** permite escuchar todo lo que sucede prácticamente en el mismo momento en el que sucede.
- **Personalización-complicidad:** el oyente se crea a su propio locutor y tiene la sensación de que le están hablando a él.
- **Multisensorialidad:** las personas pueden estar escuchando la radio y poder estar realizando otras tareas.

A menudo, la radio es el medio elegido para dar información y realizar **cuñas** para informar tanto a los clientes como a potenciales clientes.

Televisión

Es un medio de comunicación de grandes masas y actualmente se ha convertido en un electrodoméstico indispensable. Dados los muchos canales a través de los cuales se puede difundir la información e informar de los eventos, dependiendo del ámbito de actuación, habrá que centrarse en un ámbito local, nacional o internacional.

La promoción en televisión puede tener características tanto positivas como negativas.

Las características **positivas** de la promoción mediante la televisión son las siguientes:

- **Carácter audiovisual:** es un medio muy completo, ya que posee audio e imagen, y transmite un mensaje muy natural y de calidad.
- **Audiencias masivas:** dependiendo del tipo de evento que se retrasmita puede llegar a alcanzar audiencias muy elevadas. Por ejemplo, la final de un mundial de fútbol.
- **Variedad de formas publicitarias:** gracias a la televisión, se cambió la forma de dar información, por lo que se utilizan diferentes formatos de publicidad, variando su duración y forma.

Las características **negativas** de la promoción en televisión son las siguientes:

■ Hostilidad por parte del espectador hacía los elementos publicitarios.
■ Coste de producción: la publicidad en televisión tiene un coste elevado y, dependiendo de la franja horaria, varía su coste. Este está regulado por ley.
■ Huída de la audiencia, a través del *zapping, flipping* o *zipping.*

 Actividades

3. Nombre tres programas deportivos que se emitan en televisión y otros tres en radio.

 Recuerde

La promoción es un elemento o herramienta del *marketing* que tiene como objetivos específicos: informar, persuadir y recordar al público objetivo acerca de los productos que la empresa u organización les ofrece, pretendiendo de esa manera influir en sus actitudes y comportamientos, para lo cual incluye un conjunto de herramientas como la publicidad, promoción de ventas, relaciones públicas, *marketing* directo y venta personal.

2.3. Valoración económica

La importancia del deporte ha transcendido el ámbito social, político o incluso económico. La creación y celebración de eventos deportivos, en el ámbito tanto del *fitness* en seco como acuático, se ha convertido en una fuente de beneficios directos.

Destacar que dentro de los eventos se debe realizar un análisis de coste-beneficio, ya que debe primar sobre todo el beneficio. La parte esencial de la valoración económica radica en la identificación de los costes, por una parte, y los beneficios resultantes de la celebración del evento, por otra.

Como aspectos positivos (beneficios) a destacar:

- Ingresos directos. Ej: venta de entradas, patrocinadores.
- Efectos económicos inducidos. Generados principalmente por las inversiones. Ej: creación de nuevas infraestructuras.
- Efectos externos y ventajas sociales.

Como aspectos negativos a destacar:

- Inversiones en infraestructuras. Ej: nuevas instalaciones.
- Costes de organización.
- Gastos de mantenimiento.
- Inversiones en otras infraestructuras. Ej: mejorar las redes de transporte.

 ## Actividades

4. Busque y elabore una lista de diferentes patrocinadores en los eventos *fitness* en seco y acuáticos.

 ## Aplicación práctica

Elabore un plan de promoción para un evento en *fitness* acuático, que consistiría en la realización de actividades recreativas para todas las edades en la piscina municipal de una localidad de 10.000 habitantes.

Continúa en página siguiente >>

<< Viene de página anterior

SOLUCIÓN

Antes de comenzar, se deben tener claras las actividades que se van a realizar durante el evento, para así dar bien la información durante la promoción. En este caso, serán:

▌ Competiciones de natación (categorías infantiles y de adultos).
▌ Hinchables en la piscina (niños).
▌ *Aquagym* (adultos y mayores).

A continuación, se debe pensar en los medios más adecuados para la promoción e información de este evento. Teniendo en cuenta que es una localidad no muy grande, esta tarea es más fácil si se elijen los medios adecuados. Independientemente del medio elegido, se debe detallar la fecha, la hora, lugar, precio, a quién va dirigido (en este caso para todos los públicos), cómo realizar la inscripción y un teléfono de información.

Los medios elegidos son:

▌ Soportes escritos: diario local con un anuncio que muestre una piscina en la que se realizan actividades recreativas más la información básica detallada anteriormente.
▌ Soportes telemáticos:

  ▌ Internet utilizando las redes sociales y enviando la información detallada a los contactos de la entidad organizadora del evento.
  ▌ Radio local con una cuña sencilla con la información citada anteriormente y una canción de fondo actual y que invite a participar.

Además de lo nombrado anteriormente, se contará con cartelería que se colocará en el recinto deportivo municipal, que coincide con el anuncio del periódico local, y se instará a los monitores de natación y socorristas a que difundan la información entre los usuarios habituales de la piscina.

2.4. Métodos de seguimiento y evaluación

Antes de empezar con los métodos de seguimiento y evaluación, es importante tener claro en qué consiste cada uno de estos términos:

- **Seguimiento:** es un proceso continuo, con el que se realiza una recolección de datos, los cuales se transforman en indicadores, y estos se utilizan para medir los logros u objetivos planteados.
- **Evaluación:** es la valoración objetiva de un programa, evento o proyecto. Estos pueden estar en curso o terminados.

Los instrumentos y métodos de seguimiento y evaluación deben regirse por una línea base, que aporta elementos para evaluar tanto los resultados como el proceso de evaluación.

A través de esta línea base se consigue evaluar el proyecto, haciendo especial atención en estos tres puntos:

- Establecer la situación inicial.
- Servir como punto de comparación.
- Realizar una planificación bien concebida.

A su vez, dentro del seguimiento de los eventos deportivos, tanto en *fitness* seco como acuático, se debería realizar un análisis de la eficiencia comparativa. Este servirá para saber cómo ha funcionado ese evento año tras año.

Para cada evento se deberían desarrollar unas líneas estratégicas, que surgirían de un proceso natural de deducción construido a partir de todo lo mencionado anteriormente, y más concretamente a partir de la misión, visión y valores, así como del análisis DAFO.

 Recuerde

A través del análisis DAFO se analizarán sus características internas (Debilidades y Fortalezas) y su situación externa (Amenazas y Oportunidades).

A la hora de convertir las líneas estratégicas en objetivos operativos, medibles y alcanzables, se debe tener en cuenta, al menos, la perspectiva del cliente, del aprendizaje y el crecimiento, la interna y la financiera.

A cada línea estratégica le corresponderá un objetivo estratégico, un objetivo operacional, un inductor y un indicador.

Para realizar una evaluación de la calidad del servicio será necesario conocer la opinión de los clientes o usuarios. Ellos serán los que dictaminen si el evento ha tenido éxito o no.

Un método de control para la evaluación del proceso, resultado y grado de satisfacción del usuario puede ser la realización de test, encuestas, cuestionarios, etc., a través de los cuales se obtendrá una respuesta por parte de ellos. A continuación, se comentan algunos de ellos:

- **Test:** es una guía que permite reflexionar sobre el nivel de satisfacción personal del evento deportivo en las diferentes áreas, con el objetivo de mejorar aspectos que hagan mejorar en líneas generales la satisfacción en general.
- **Cuestionario:** estos permiten recoger la opinión de los clientes, con el fin de mejorar para posibles ediciones futuras. A través de este, se obtiene información sobre la calidad del servicio realizado, pudiendo detectar aquellos aspectos que han sido tanto positivos como negativos y que necesitan mejorar.

Los test y cuestionarios son métodos de control para la evaluación del proceso, resultado y grado de satisfacción.

Recuerde

Las ventajas de difundir la información a través de las nuevas tecnologías son: alcance geográfico, viralidad, implicación de los usuarios y *feedback*.

En definitiva, lo que se pretende a través de los métodos de seguimiento y evaluación es conocer las características de los eventos deportivos, teniendo en cuenta las percepciones de los clientes. Por un lado, se aumenta la fidelización de estos y por otro, permiten mejorar la calidad y el valor del servicio que se está ofreciendo.

Aplicación práctica

Imagine que se ha realizado un evento en el centro deportivo, que ha consistido en exhibición acuática, y se quiere conocer la información de los usuarios al término del mismo. Elabore y diseñe un cuestionario, con un total de cinco preguntas, en el cual se pueda recoger la opinión de los clientes al finalizar el evento.

SOLUCIÓN

Resaltar que el cuestionario que se expone a continuación es un ejemplo, las preguntas que se exponen son aleatorias y dependerá de la información que se quiera obtener para realizar unas u otras, y a su vez dependerá del evento deportivo en el que se trabaje.

CUESTIONARIO SOBRE EVENTOS DEPORTIVOS

Ayúdenos a mejorar, solo le va a llevar un minuto.

EDAD:	SEXO:	OCUPACIÓN:

1. ¿Cómo se enteró del evento?

    ( ) Radio   ( ) Prensa   ( ) Amigos ( ) Otros

Continúa en página siguiente >>

<< Viene de página anterior

CUESTIONARIO SOBRE EVENTOS DEPORTIVOS
2. ¿Qué le ha parecido la atención recibida?
( ) Satisfecho ( ) Normal ( ) Insatisfecho
3. ¿Qué le ha parecido el ambiente?
( ) Satisfecho ( ) Normal ( ) Insatisfecho
4. ¿Qué le han parecido las instalaciones del evento?
( ) Satisfecho ( ) Normal ( ) Insatisfecho
5. ¿Recomendaría nuestro centro deportivo a otras personas?
( ) Sí ( ) No

3. Circulación de personas y materiales

Cuando se diseña un área de trabajo, hay que tener en cuenta que se deben distribuir adecuadamente los espacios y prever las vías de circulación de materiales y personas, para que peatones y vehículos las puedan utilizar de manera fácil, con seguridad y fieles al uso que se les haya destinado.

 Sabía que...

La normativa que regula la circulación de personas y materiales es el Real Decreto 486/1997 sobre disposiciones mínimas de seguridad y salud en los lugares de trabajo.

Para evitar accidentes se deben seguir criterios preventivos básicos, que se distinguen según la zona:

- **Pasillos y superficies de tránsito:** los flujos de personas y materiales puede ser origen de riesgo, por ello, hay que asegurase de que el diseño de los pasillos y superficies de tránsito sea el adecuado y con las dimensiones pertinentes. Así, hay que tener en cuenta:

▪ El número de trabajadores, tamaño de los elementos de transporte y las cargas circulantes para evitar interferencias.

▪ Que las áreas de desplazamiento sean seguras (suelo regular, limpio, sin obstáculos, iluminación, etc.).

▪ Que las zonas donde se depositan los materiales queden fuera de zonas de paso.

▪ Debe preverse la colocación de maquinaria, puertas, vías y salidas de emergencia sin obstáculos, para poder efectuar con seguridad una evacuación.

■ **Espacios de trabajo:** la organización y diseño de los espacios de trabajo deberá tener en cuenta las características del puesto a desarrollar, pero existen unos mínimos comunes para todos los puestos como:

▪ Transporte de materiales por el camino más corto y que los desechos se puedan retirar sin estorbar.

▪ La colocación de la maquinaria debe permitir realizar las labores cómodamente, evitando movimientos forzosos o innecesarios.

▪ Tener en cuenta los elementos móviles para que no dificulten el paso.

▪ Los trabajos en altura deben realizarse con plataformas grandes y protegidas.

▪ Considerar el espacio que puedan ocupar los trabajos ocasionales.

▪ Restringir el paso a personal ajeno a áreas de trabajo que tengan riesgo.

■ **Escaleras:** las escaleras son de por sí fuentes de peligro, por ello es necesario que reúnan las características y dimensiones mínimas necesarias:

▪ Para accesos normales se utilizarán escaleras fijas.

▪ Las escaleras manuales se utilizarán para accesos muy esporádicos y deben revisarse antes del uso. El acceso siempre se hará de frente a las mismas y hay que vigilar el ángulo de inclinación.

▪ Las escaleras de madera no deben pintarse salvo con barniz transparente para no ocultar los defectos, y deben tener los largueros de una pieza y los peldaños bien ensamblados.

*Una salida de emergencia nunca puede estar obstaculizada. (© Fotografía: Arthit
via Foter - CC BY 2.0)*

Además de todo esto, se debe dar cuenta de que las instalaciones tienen
que estar adaptadas para la falta de movilidad o cualquier tipo de discapacidad de los usuarios. Se está obligado a eliminar cualquier tipo de barrera que
dificulte el tránsito de personas con discapacidad. Estas barreras pueden ser:

- **Físicas:** barreras arquitectónicas urbanísticas (se encuentran en vías ur-
banas), barreras arquitectónicas en la edificación (situadas en el acceso
o en el interior de un edificio) y barreras en el transporte (dificultan el
uso de los modos o medios de transporte).
- **Sensoriales:** barreras en la comunicación (impiden o dificultan la recepción o emisión de mensajes vía oral, visual y/o auditiva).

 Actividades

5. Piense en cinco actuaciones concretas para disminuir los riesgos durante la circulación
de personas o materiales.

4. Habilitación de instalaciones y recursos materiales

Las instalaciones deportivas para la realización de eventos *fitness* en seco o acuático forman parte de las denominadas infraestructuras deportivas. Estas instalaciones deportivas, deben atender a las demandas de práctica deportiva de las personas y de todas las entidades, entendiendo que deberán adaptarse a los cambios que se van produciendo de manera constante en el sector deportivo.

Un aspecto clave que tener en cuenta en la planificación y el diseño de una instalación deportiva hace referencia a la necesidad de contar con un plan de gestión previo, definido por Expósito (2000) como "la herramienta básica previa a la construcción de cualquier equipamiento, y que determina el proyecto y se adelanta al tiempo sobre el sistema de funcionamiento y los rendimientos y resultados en base a la organización del sistema de gestión".

Dentro del plan de gestión previo, también se deberán tener en cuenta diferentes perspectivas sobre la rentabilidad de la instalación, entendiendo que existen diferentes tipos de rentabilidades que deberán ser tenidas en cuenta en función de la titularidad y del modelo de gestión que se utilizará en la instalación, diferenciando en este sentido entre rentabilidad económica, rentabilidad social y rentabilidad deportiva.

En todos los casos, para poder asegurar la rentabilidad de una instalación deportiva, se deberá también atender al concepto de "adaptabilidad y multifuncionalidad de la instalación". La adaptabilidad de una instalación deportiva se entiende como la capacidad para cambiar fácilmente no solo para dar diferentes usos deportivos a la instalación en varios ámbitos recreativos o competitivos, sino también para otros fines sociocultura es como eventos musicales, concentraciones, etc. Además, dentro del plan de gestión será también necesario atender a aspectos relacionados con la sostenibilidad.

Cuando se habla de sostenibilidad, se hace en base a tres aspectos, que son los siguientes:

- **Diseño:** varias de las decisiones del diseño, por no decir la gran mayoría, pueden influir de forma notable en la sostenibilidad de la instalación deportiva. Por ejemplo, la posición de una sala para que entre más o menos luz.

■ **Ahorro energético:** existen varios elementos de ahorro energético que se pueden utilizar para ahorrar costes dentro de la empresa. Por ejemplo, los paneles solares.

Gracias al ahorro energético se cuida el planeta

■ **Ahorro de agua:** dependiendo del tipo de instalación se puede realizar un tipo de ahorro u otro. Por ejemplo, si es de interior y tiene vestuarios y duchas, se pueden poner temporizadores dentro de las duchas, y si es una piscina climatizada se puede colocar una lona que cubra la lámina de agua y mantenga la temperatura.

Actividades

6. Diga tres medidas a través de las cuales se produzca un ahorro energético y de agua.

Recuerde

Para poder diseñar nuevas instalaciones deportivas o para mejorar instalaciones deportivas ya existentes, será necesario llevar a cabo también un proceso de planificación y diseño.

Los recursos materiales serían aquellos medios físicos y concretos que ayudan a conseguir los objetivos. Estos recursos materiales se pueden dividir en: materias primas, instalaciones, las maquinarias y el terreno. Son bienes tangibles que ayudan a prestar los servicios, dependiendo de los diferentes recursos materiales de los que se disponga. Siempre deben cumplir un objetivo común, que es crear la satisfacción en los clientes y cumplir sus expectativas.

Siempre se debe tener claro que estos recursos materiales necesitan un mantenimiento y se debe hacer una buena gestión de los mismos. Es importante dentro de la empresa crear un presupuesto de inversiones cada año, para renovar o complementar los ya existentes.

Destacar que, dentro de los recursos materiales, también se puede realizar reciclaje de los mismos. Así, se puede elaborar material alternativo para disponer de él o reutilizarlo en diferentes tipos de eventos deportivos. Gracias a este tipo de material, se puede ahorrar dinero y crear materiales deportivos muy útiles y prácticos.

5. Selección y coordinación de recursos humanos en la organización de eventos en el ámbito del *fitness*

La selección y organización de los recursos humanos forma parte de la administración de recursos humanos. Montes y González (2006) aclaran que: "la administración de recursos humanos consiste, por tanto, en la planificación, organización, desarrollo, coordinación y control de técnicas capaces de promover el desempeño eficiente del personal, a la vez que la organización representa el medio que permite a las personas que colaboran en ella alcanzar los objetivos individuales relacionados directa o indirectamente con el trabajo".

Además, sus objetivos derivan de los de la organización, siendo los principales los siguientes:

- Seleccionar y desarrollar un conjunto de personas con habilidades, motivación y satisfacción suficientes para conseguir los objetivos de la organización.
- Lograr la mayor eficiencia de cada trabajador.

■ Conseguir que las condiciones de trabajo sean favorables para el desarrollo y la satisfacción de las personas, así como para el logro de sus objetivos individuales.

Por eso es tan importante seleccionar al personal correcto para el desempeño de actividades de *fitness* y mucho más de los eventos, ya que estos llegan a ser el escaparate de la organización.

Un instructor de fitness colectivo tiene que ser capaz de enseñar, organizar y dirigir entrenamientos en grupo para: la condición cardiovascular, la condición muscular, la condición postural, la movilidad articular y la flexibilidad (© Fotografía: localfitness.com.au Vía Wikimedia Commons - CC BY).

5.1. Estrategias y técnicas de selección

López-Fé (2002), cita que se pueden encontrar diferentes enfoques teóricos que se dan en la selección de personal. Schein (2002) distingue entre tres modelos en la selección técnica:

■ **Modelo de selección:** parte del perfil del puesto de trabajo y persigue satisfacer las necesidades de la organización. El objetivo es encontrar a los candidatos más idóneos mediante el rechazo de los no aptos.
■ **Modelo de clasificación:** se centra en el candidato y busca el modo de realizar sus posibilidades para satisfacer sus necesidades individuales. Pone énfasis en el aspecto vocacional y equivale al enfoque de orientación.

■ **Modelo orgánico:** es un enfoque de compromiso entre la organización y el personal, en el que se concilian sus intereses mediante la adecuación entre el aspirante y el puesto de trabajo.

Sabía que...

Muchos gimnasios y centros deportivos disponen de una bolsa de trabajo *online,* en su página web, que permite recoger currículos de forma telemática, lo que facilita mucho la tarea de selección de personal para un evento en *fitness.*

El modelo más habitual es el de selección, y en el ámbito del *fitness,* más aún. A continuación, se describen dos fases que constituyen el proceso de selección:

1. **Preselección de candidaturas:** las candidaturas deben ser estudiadas y se debe adoptar una actitud flexible, donde hay que centrarse en los requisitos o competencias del puesto, eliminar aquellos que no sean adecuados para el puesto y ordenar las candidaturas válidas en función de la prioridad de necesidades y competencias del puesto. En esta fase se debe:

   ▮ Revisar la información sobre el puesto de trabajo.
   ▮ Estudiar y clasificar las candidaturas, mediante la especificación de los aspirantes, en bastante adecuados, medianamente adecuados e inadecuados.

2. **Selección:** para el desempeño laboral, la persona debe poner en juego tres tipos de recursos: poder (capacidad), saber (conocimientos, experiencia y habilidades) y querer (motivación). A continuación, se presenta un cuadro que muestra la relación entre los recursos de las personas, los factores de capacitación y las técnicas que los investigan.

TÉCNICAS SELECTIVAS SEGÚN FACTORES A EVALUAR		
Áreas	Factores	Técnicas
Poder	Inteligencia y aptitudes	- Técnicas
	Personalidad	- Entrevistas - Cuestionarios o autoinformes - Tests proyectivos - Pruebas situacionales
	Aptitud psicofísica	- Revisión médica
Saber	Formación, experiencia	- Análisis del CV - Pruebas profesionales - Entrevistas
Querer	Personalidad/motivación	- Entrevistas - Cuestionarios o autoinformes - Tests proyectivos - Pruebas situacionales

Fuente: Persona y profesión: procedimientos y técnicas de selección y orientación. López-Fe (2002)

En el ámbito del *fitness* son muy habituales, en el proceso de selección de personal, las dinámicas de grupo, para evaluar la capacidad de trabajo en equipo y cooperación con los futuros compañeros de trabajo. También se recurre a pequeñas audiciones, en las que se demuestran las habilidades específicas del puesto de trabajo. Estas se realizan con los evaluadores, individualmente o con otros aspirantes y se suelen grabar en vídeo para su posterior análisis.

 Actividades

7. Busque páginas web de centros deportivos o gimnasios y cree una carpeta con sus nombres y direcciones.

5.2. Estrategias y técnicas de coordinación

El significado de coordinación a menudo se utiliza como sinónimo de gestión. Esta ayuda a la organización a alcanzar sus metas, lo cual es solo posible cuando puedes integrarla en el conjunto de la organización a través de la coordinación. La importancia de la coordinación se ha resumido de la siguiente manera:

1. Ayuda en la realización de todas las funciones de gestión.
2. Complementa la especialización. Ayuda en la creación de este vínculo por el cual todos los departamentos pueden trabajar en equipo, cosechando así los máximos beneficios de la especialización.
3. Previene la duplicidad de trabajo.
4. Elimina las diferencias individuales entre los distintos trabajadores.
5. Resuelve conflictos.
6. Crea espíritu de equipo.
7. Unifica la dirección de actividades.
8. Mejora la productividad de la organización.
9. Unifica la organización.
10. Proyecta una mejor imagen de la compañía.

A continuación, se nombran algunas técnicas que facilitan la coordinación:

- Planificar eficazmente.
- Mantener clara la jerarquía.
- Establecer departamentos separados.
- Formar comités.
- Inducir a los nuevos empleados.
- Adoctrinar a los miembros.
- Asignar responsabilidades.
- Mantener accesibles y fluidos los canales de comunicación.
- Organizar reuniones grupales/departamentales.
- Etc.

Coordinador dando indicaciones durante un evento

Lo citado anteriormente corresponde a la coordinación en general. Si se piensa en un evento, se debe centrar la atención en las tareas concretas que ejecuta un coordinador, diferenciadas en las tres fases que se han citado en capítulos anteriores:

- **Preparación y ejecución:** el coordinador debe elegir a los instructores más idóneos que vayan a realizar el evento, contar con personal de mantenimiento y coordinar a los voluntarios. Una vez seleccionado el personal, asigna responsabilidades y tareas a cada uno de los trabajadores y se comienza a preparar la instalación para el evento, contando con mantenimiento, junto con iluminación y sonido (en el caso de que fuera necesario).
- **Celebración:** durante la celebración, se preocupa de la puntualidad de los trabajadores y de que cada uno desempeñe correctamente las tareas que le fueron asignadas en la fase anterior. Debe estar atento a todos los detalles y solucionar las incidencias que puedan ocurrir.
- **Cierre:** al cierre, se debe coordinar el trabajo de mantenimiento para dejar la instalación tal y como se encontró. En esta fase, además, se deberá analizar si el personal ha trabajado correctamente, si se han cumplido las expectativas y si el número de empleados ha sido acertado, para evitar errores en la próxima celebración.

6. Dinamización de eventos en el ámbito del *fitness* seco y acuático

La dinamización de eventos dentro del ámbito del *fitness* seco y acuático puede desarrollarse tratando los siguientes aspectos:

- ¿Somos capaces de desarrollar el evento?
- ¿Se dispone de los recursos materiales y humanos necesarios?
- ¿Se tiene tiempo suficiente?
- ¿Se tienen los suficientes recursos económicos para realizarlo?

Antes de nada, se debe responder a las siguientes preguntas y ver que somos capaces de cumplirlas:

- ¿Se puede hacer?
- ¿Se conoce el evento que se va a desarrollar?
- ¿Está dentro de nuestras posibilidades?

La pregunta fundamental que, en este sentido, se debe hacer es la de "¿Quiénes somos?". Si esto se tiene claro, ya se puede responder todas las cuestiones anteriores.

Una vez respondidas estas preguntas, siempre ante la realización de un evento independientemente de su magnitud, hay que ser consciente de las posibilidades, es decir, saber siempre dónde están los límites y cuáles son los objetivos y metas.

Hay que tener en cuenta si es la primera vez que se realiza el evento o ya se ha realizado en anteriores ocasiones. Si se ha realizado anteriormente, es bueno conocer opiniones de personas que lo hayan organizado y también asistido. Toda la información que se reciba será buena.

La dinamización de eventos deportivos

6.1. Los roles en las actividades recreativas: tipos y dinámica

Antes de adentrarse en las actividades recreativas, es importante conocer qué significa el término **rol,** concretamente el texto aquí se centrará en el rol social. Este es aquel comportamiento esperado por parte del individuo dentro de un determinado grupo. En la actualidad, el modo en que organizan las personas su tiempo libre está cambiando y se tiende hacía una población con más sobrepeso, desarrollando actividades de bajo impacto calórico. Por lo tanto, se debe orientar a las personas hacia un rol recreativo, el cual el eje principal sea el movimiento, se debe fomentar la actividad física, el deporte y las relaciones sociales.

Así, se hacen muy necesarias las actividades físico-recreativas. Estas son aquellas que llevan a cabo cualquier movimiento corporal, no orientado a una meta específica pero que pone en funcionamiento la musculatura, provocando un gasto de energía. Este tipo de actividades son consideradas como una necesidad para todas las personas, y deben formar parte del estilo de vida de cada uno de modo sistemático y organizado, ya que van a generar un estado de bienestar y salud.

Gracias a las actividades recreativas que se organizan por parte de la dirección, se puede aumentar la creatividad en el grupo. Estas deben despertar un interés en los clientes y deben ser seleccionadas de acuerdo a sus intereses y necesidades.

Los roles que se pueden encontrar son variados. Aquí se va a hablar de dos tipos de roles: los que se relacionan dentro de los grupos y los referidos a la tarea del grupo.

Los roles relacionados **dentro del grupo** son los siguientes:

- **La persona positiva:** la cual siempre muestra ilusión y entusiasmo por lo que se está realizando.
- **El crítico:** no aporta nada, nunca le sienta bien lo que se está realizando.
- **El discutidor:** no está de acuerdo con nada, y defiende otros puntos de vista.
- **El bocazas:** habla de todo sin saber y nunca acierta con lo que dice.
- **El listo:** todo lo sabe, tiene una alta cualificación, algunas veces aporta beneficio, pero otras veces destruye el evento.
- **El pícaro:** no tiene gran aportación dentro del grupo, y se aprovecha del trabajo de los demás.
- **El cuadriculado:** es de ideas muy fijas, tiene unos esquemas mentales cerrados.
- **El reservado:** normalmente es una persona que conoce el tema, es tímido y necesita que lo animen para que participe.
- **El gracioso:** tiene buenas aportaciones y favorece la dinámica del grupo.
- **El organizador:** es clave en el grupo, ya que ayuda a mantener el orden.
- **El incompetente:** sus responsabilidades por norma general superan a sus capacidades.

Los roles referidos a la **tarea del grupo** son los siguientes:

- **El iniciador-buscador:** se refiere a la persona que da, que aporta ideas en beneficio del grupo, dando a la vez solución a los problemas que puedan surgir.
- **El buscador de información:** es el encargado de revisar las sugerencias y buscar información para las mejoras del evento.
- **El buscador de opiniones:** es la persona que hace participar a los miembros del grupo, les pide su opinión para ir mejorando.

- **El coordinador:** ordenar y coordina todas las ideas que se han expuesto por parte del grupo.
- **El orientador:** establece la ubicación del grupo en función de sus objetivos y metas.
- **El evaluador:** analiza las funciones de los grupos, y saca lo positivo y lo negativo, analizando a su vez las actitudes de cada uno de los integrantes del grupo.
- **El impulsor o animador:** es el que aporta energía y motivación al grupo, mostrando su carácter optimista y participativo.
- **El registrador:** es como el secretario, se encarga de anotar todo lo que rodea al evento, y todas las sugerencias de los usuarios que sean relevantes para el desarrollo del evento.

 Aplicación práctica

Usted es la persona encargada de la selección del personal para un evento deportivo que se va a realizar en un lugar público de su ciudad (ej: una plaza), y necesita contratar a una persona. Teniendo en cuenta los roles dentro del grupo que se describen anteriormente, elija los que serían más importantes como cualidad de la persona que vaya a contratar y explique por qué.

SOLUCIÓN (Posible solución)

Dentro de los roles relacionados dentro del grupo, se atenderían a los siguientes:

- Persona positiva: ya que ayuda a aportar esa dosis de energía necesaria y todo es mucho más divertido si se pueden ver los aspectos positivos de lo que te rodea.
- Listo: una persona que aprovecha sus oportunidades, que va a mostrar interés y tiene conocimientos sobre la materia. Para uno mismo, siempre será positivo contar con personas con conocimiento y experiencia.
- Gracioso: los eventos necesitan esas dosis de dinamismo y alegría, y una persona que sea extrovertida. Va a aportar cohesión al grupo ya que va a favorecer la buena dinámica del mismo.
- Organizador: una persona organizada y que a la vez aporte orden es muy necesario cuando se está desarrollando un evento deportivo, ya que cada evento es único y el organizador tomará responsabilidades del mismo.

Actividades

8. Haga un esquema ordenando y clasificando los dos tipos de roles que se han visto anteriormente.

Los tipos de actividades recreativas son muy variadas, y existen diferentes tipos de clasificaciones. Este texto se va a centrar en la realizada por Bravo, García, Betancourt, Lugo, Mujica y Solís (2010):

- **Actividades recreativas totalitarias:** baile, caminatas dirigidas, bicicleta, etc.
- **Actividades recreativas de contacto con la naturaleza:** turismo, paseo por parques y paraísos naturales, nado en ríos o pantanos, etc.
- **Actividades recreativas de expresión musical:** festival de música, fiestas *fitness,* bailes, danzas, etc.
- **Actividades recreativas de expresión corporal:** danzas, eventos en *fitness* seco y acuáticos, etc.
- **Actividades recreativas predeportivas:** fútbol-sala, balonmano, baloncesto, ajedrez, natación, etc.

 Sabía que...

La actividad física comprende un conjunto de movimientos del cuerpo a través de los cuales se consigue mejorar la tasa de metabolismo basal.

6.2. Funciones y fases de intervención del dinamizador de eventos en el ámbito del *fitness* (antes, durante y después)

El dinamizador es una pieza clave para el éxito del evento deportivo y para el buen funcionamiento de las actividades que se van a desarrollar durante el evento deportivo.

Como se ha visto en puntos anteriores, todo evento deportivo debe responder a una finalidad y a unos objetivos. Por lo tanto, el dinamizador deberá encargarse de motivar y acercar el evento a todos los participantes implicados y ofrecer en la medida de lo posible las ventajas y beneficios de asistir.

Funciones

Las funciones de un dinamizador deberán ser las siguientes:

- Que todo esté muy bien organizado, planificado y dirigido entre todos los departamentos para que no se produzcan errores durante el evento.
- Que sea empático con todos los participantes en el evento.
- Que los usuarios que se desplacen al evento deportivo o actividad estén informados de lo que se va a realizar.
- Que los usuarios que pretendan acceder al evento tengan un cierto seguimiento y asesoramiento por parte del dinamizador para realizar el evento con facilidad y disfruten de este.
- Apoyar a los usuarios e invitados en el momento en que existan dudas a la hora de la realización de cualquier actividad.
- Mostrar a todos los clientes lo especial que es realizar un evento de estas características, en el cual prima la salud y el bienestar personal.

Fases

Las fases de intervención del dinamizador de eventos deportivos en el ámbito del *fitness* son tres:

- Preevento
- Evento
- Postevento

Preevento

Dentro de las fases de intervención en un evento deportivo, esta es una de las claves para que un evento sea un éxito. En esta etapa se debe planificar y organizar lo que se quiere llegar a conseguir y realizar dentro del evento deportivo. Se deberán marcar bien los objetivos a conseguir, dependiendo del público al cual se esté uno dirigiendo y del tipo de evento que se desarrolle.

Se debe conseguir una implicación total por parte del todo el equipo durante el/los día/días que se vaya a desarrollar el evento. Se debe trabajar la motivación y las estrategias de comunicación. Algunas de ellas pueden ser:

- Creación de vídeos motivacionales promocionando el evento.
- Realizar acciones proactivas las semanas antes del evento.
- Creación de instrumentos de comunicación para el evento, para que tenga la mayor difusión posible.

También en esta fase se debe realizar un documento en el cual se detallen las listas de todos los recursos necesarios, tanto los materiales, como humanos, logísticos, económicos, permisos, publicitarios, etc., así como la previsión de la posible participación.

Por último, se deben pedir los permisos en caso de que sea necesario, realizar una normativa y reglamentos en relación a evento. Se repartirán las invitaciones o credenciales, así como se formalizarán las inscripciones.

Evento

Es la fase en la cual es muy importante detallar minuciosamente la planificación del acto. Son las experiencias y las emociones de los clientes las que hacen que el evento sea diferente.

Se debe centrar todo el esfuerzo en cumplir el objetivo. La dinamización de todas las partes es muy importante y se trabajará la motivación interna y la comunicación. Algunos recursos para conseguirlo son los siguientes:

▎ Recepción de los asistentes: se debe dar la bienvenida a todos los asistentes.
▎ Animación de las presentaciones: se debe ambientar la sala o recinto en función del evento a organizar, así como los monitores encargados del mismo.
▎ Orden del material: es importante comprobar que todo el material que se va a usar esté preparado.
▎ Personal que conozca sus funciones: todos los trabajadores en el evento deberán conocer cuál su trabajo, dónde lo realizarán y cómo lo realizarán.
▎ Control en el evento: se debe controlar el tiempo de ejecución del mismo, es decir, que la actividad o evento que se va a realizar esté en el orden correcto y que empiece y termine cuando está estipulado.

Postevento

Es la última fase del evento, en la cual se estará celebrando el éxito de la actividad. Este éxito será parte de todos los integrantes que han colaborado, desde los propios trabajadores hasta de los participantes. Se debe agradecer a todos su participación.

Ejemplo de postevento. Master Class Ciclo Indoor.

En el postevento se realiza la evaluación del evento deportivo, en la cual se recogen todas las conclusiones, y se ve si realmente se han conseguido los objetivos y cuáles no se han conseguido. Toda valoración existente referente al evento será recogida y valorada. Gracias a esta se tratará de conseguir que sea siempre el mejor.

También se debe realizar una memoria evaluativa de todos los documentos relacionados con el evento, como por ejemplo, el listado de asistentes, colaboradores, invitaciones y credenciales usadas, material utilizado, etc. Como conclusión, se debe realizar un informe final a través del cual se corrija y se mejore para futuros eventos.

 Recuerde

Las tres fases de intervención del dinamizador de eventos en el ámbito del *fitness* son: preevento, evento y postevento.

 Actividades

9. Realice un resumen de las tres fases de los eventos deportivos.

6.3. Estrategias y actitudes del técnico para animar y motivar en la interacción grupal

El dinamizador es una figura fundamental para el buen funcionamiento del evento deportivo. Este debe hacer de guía y acompañante de todo el proceso.

A su vez, debe realizar las actividades o eventos, teniendo siempre claro cuál es el objetivo que se pretende conseguir.

Dentro de los papeles del dinamizador, especialmente importante es el de la atención y la motivación de los y las participantes. Algunas de las estrategias que se pueden seguir son las siguientes:

- Promover relaciones interpersonales internas y externas.
- Mostrar entusiasmo, emoción, positivismo en la transmisión de la información.
- Promocionar el evento a través de los diferentes medios y recursos disponibles.
- Trabajar con un esquema de exposición. Es decir, tener una planificación de la realización del evento.

El efecto grupo dentro de los eventos fitness favorece las relaciones sociales y hace que se muestre mayor motivación y entusiasmo por asistir al gimnasio o centro deportivo (© Fotografía: dustpuppy - Flickr - CC BY 2.0)

Resaltar las actitudes técnicas de un dinamizador en particular es muy difícil, ya que cada persona es diferente. Algunas de las actitudes comunes que debería tener un dinamizador son estas:

- **Indagador:** debe promover y desarrollar diferentes programas que sean acordes con los intereses de los usuarios.

- **Creativo:** realizar eventos que sean novedosos.
- **Motivador:** potenciar la participación de los usuarios y valorar las aportaciones y sugerencias de todos los implicados, propiciando la diversión.
- **Mediador:** debe considerar como importantes todos los puntos de vista y quedarse con los positivos para mejorar el evento.
- **Responsable**: debe coordinar a todos los departamentos y cumplir y desempeñar su trabajo, planificar y evaluar el evento deportivo.
- **Asertivo:** debe fomentar las relaciones sociales entre los participantes y usuarios, favoreciendo las conductas y los pensamientos positivos.
- **Autocontrol-autodisciplina:** el dinamizador debe tener máximo control sobre su persona, no debe perder la calma, ni la paciencia.

 Actividades

10. Piense y enumere algunas actitudes del dinamizador que no estén entre las recogidas anteriormente.

6.4. La presentación de actividades en el desarrollo de eventos

La presentación de las actividades en el desarrollo de los eventos debe realizarse con precisión. Este debe ejecutarse de forma efectiva y eficaz.

Dependiendo de la magnitud del evento y del impacto mediático que pueda tener, se debe acondicionar el espacio acorde con la actividad a desarrollar y realizar la contratación de una persona con experiencia que sepa dirigir la presentación de la misma.

La persona encargada de presentar el evento y de llevar a cabo su dinamización debe transmitir confianza, seguridad y sinceridad en sus palabras. A través de estas motivará a las personas asistentes, intentando crear un clima agradable y atrayendo la atención del público asistente.

 Importante

Es necesario que la persona encargada del evento sepa respetar las normas de seguridad en las distintas instalaciones para asegurar el éxito del evento.

A su vez, debe llevar una vestimenta adecuada y relacionada con el evento que se va a realizar, debiendo causar una grata impresión. Y por último, el dinamizador ultimará los detalles con la organización. Deberá presentarse un poco antes del inicio del evento para dejar todo bien organizado.

6.5. La representación-actuación

La representación es el acto a través del cual las personas encargadas del evento ponen en marcha todo lo organizado y planeado anteriormente, llevando a cabo el protocolo de actuación.

La representación-actuación del evento *fitness* debe ser lo más dinámica y activa posible. Debe ser como una fiesta, además de que se han de controlar todas las actividades que se vayan a llevar a cabo. Las medidas de control van a permitir que todo se realice según lo previsto.

Representación de un evento acuático

Dentro del periodo de representación, es importante también transmitir información en directo de lo que se realiza, para crear más difusión. Actualmente, existen redes sociales, como por ejemplo *Facebook, X* o *Instagram,* que permiten conectar con personas que no han asistido al evento y, a la vez, también se obtiene reciprocidad con los participantes. Así se puede conseguir un rango más amplio de difusión del evento, independientemente de que sea en seco o acuático.

 Actividades

11. Elabore una lista de redes sociales que sirvan para transmitir nformación.

7. Técnicas e instrumentos para la evaluación del proyecto de animación

La evaluación de proyectos es un proceso en el que se estudian las diferencias entre el estado actual y el estado previsto en la planificación. Se intenta conocer si un proyecto ha logrado alcanzar los objetivos previstos o si hubiera tenido la capacidad de alcanzarlos. La evaluación también se la puede considerar como un medio para optimizar la gestión del proyecto y como una actividad orientada a mejorar la eficiencia del mismo.

Existen distintos tipos de evaluación en función de diferentes parámetros:

■ En función del momento en que se realiza:

▪ Al comienzo del proyecto.
▪ Al final del proyecto.

- En función de quien realiza la evaluación:

  - Evaluación interna.
  - Evaluación externa.
  - Evaluación mixta.
  - Evaluación participativa.

- En función de la escala de los proyectos:

  - Grandes proyectos.
  - Pequeños proyectos.

- En función de los destinatarios de la evaluación:

  - Directivos superiores.
  - Administradores.
  - Técnicos.

7.1. Metodología, instrumentos y técnicas

Previamente a la puesta en marcha de la evaluación, se debe aclarar que esta consta de siete fases diferenciadas que ayudan a su planificación. Son las siguientes:

1. Planeamiento de la evaluación.
2. Determinación del tipo de evaluación.
3. Elaboración del diseño de evaluación.
4. Recogida de información.
5. Análisis de información.
6. Formulación de conclusiones y presentación de resultados.
7. Medidas de retroalimentación y posible aplicación.

Añadir, además, que la mayoría de las técnicas e instrumentos de evaluación de los proyectos de animación provienen de otras áreas de conocimiento y han sido adaptadas a este campo. No obstante, no hay que confundir la evaluación con un proceso de investigación científica, ya que no hay que asentar conocimientos, sino mejorar en las actuaciones de animación.

Se pueden encontrar técnicas de evaluación cuantitativas y cualitativas, como por ejemplo:

- **Cuantitativas:** encuesta, medición directa, censo y análisis econonómico-financiero.
- **Cualitativas**: observación estructurada, entrevista en profundidad o semi-estructurada, grupos de discusión y análisis documental.

Una de las maneras más sencillas y eficaces de enfrentarse al diseño y puesta en marcha de la evaluación de un proyecto es a través de la **técnica de las nueve cuestiones.** A continuación, se presenta un cuadro que resume esta técnica aplicada a la evaluación.

TÉCNICA DE LAS 9 CUESTIONES	
1. ¿**Por qué** evaluar?	Fundamentación (razones)
2. ¿**Qué** evaluar?	Objeto de evaluación
3. ¿**Para qué** evaluar?	Finalidad y objetivos
4. ¿**Quién** ha de evaluar?	Recursos humanos
5. ¿**Cómo** evaluar?	Metodología
6. ¿**Con qué** evaluar?	Recursos materiales y funcionales
7. ¿**Cuándo** evaluar?	Calendarización
8. ¿**Cuánto** va a costar evaluar?	Recursos económicos y financieros
9. ¿**Dónde** se va a evaluar?	Ubicación

Sin embargo, hay mucho más trabajo si se incluye la evaluación en una fase de seguimiento del proyecto de animación. La metodología que se utilizará para elaborar un plan de seguimiento y evaluación deberá permitir:

- Diseñar un plan de seguimiento y evaluación mixto.
- Desarrollar un sistema de indicadores.

- Ejecutar el plan.
- Elaborar informes de seguimiento.

 Recuerde

En el capítulo anterior se decía que la quinta fase del POA es la de seguimiento y evaluación. Se mencionaba que, para realizar un seguimiento, se hace necesario implantar un sistema de control que permita evaluar analizando la información obtenida y compararla con las referencias establecidas. Esto se hace posible si se seleccionan unos indicadores que permitan fijar y poner límite a los objetivos. Estos indicadores pueden ser cualitativos o cuantitativos, relativos al personal, actividades, resultados, demanda de los servicios, oferta de servicios e impacto social, todos ellos medibles objetivamente.

En varias ocasiones se han mencionado los indicadores como imprescindibles en una evaluación. Por ello, se va a desarrollar más sobre su contenido en el punto siguiente, porque se entiende que forman parte de la observación durante una evaluación y aportan datos sobre la consecución de los objetivos.

7.2. Observación y recogida de datos: registro y escalas

Los indicadores describen cualitativa y cuantitativamente el comportamiento de las variables a tener en cuenta de los objetivos de un proyecto de animación. Son "una medida observable para demostrar que algo ha cambiado". A su vez, los indicadores tienen una serie de características para su formulación. Estos deben ser:

- Sustantivos (reflejan un aspecto esencial de un objetivo).
- Independientes (todo objetivo y resultado debe ir asociado al menos a un indicador sin repetirse).
- Objetivos (reflejar hechos).
- Verosímiles.

- Fáciles de obtener.
- Verificables objetivamente.

Estos indicadores van a permitir hacer un seguimiento de los objetivos. Una vez elaborados, permitirán recoger datos sobre el proyecto y facilitar la evaluación.

 Ejemplo

Para un proyecto de animación de un centro deportivo, basado en la realización de actividades en lugares distintos a los de las salas del mismo, se plantean distintos objetivos generales. De estos objetivos, parten 3 o 4 estratégicos, de los que se obtienen los indicadores.

Objetivo general	CONOCER NUEVAS ACTIVIDADES PARA SER REALIZADAS EN EL TIEMPO DE OCIO			
Objetivos estratégicos	Indicadores	Enero 2025	Junio 2025	Sept. 2025
Introducir actividades de Les Mills	Instructores que reciben formación	2	4	6
	Programas contratados	1	2	4

Esto quiere decir que para enero de ese mismo año debe haber dos instructores formados y una sola actividad de Les Mills; en junio, cuatro formados y dos actividades; y por último, en septiembre, seis formados y cuatro actividades. Si no se llega a esas cifras, demuestra que no se ha cumplido el objetivo estratégico y parte del general tampoco.

Para evaluar un proyecto también se puede contar con la observación. Esta técnica se utiliza para registrar acciones, fenómenos o situaciones que el observador presencie.

Al ser un instrumento de evaluación, consta de distintas fases para su puesta en marcha:

1. ¿Qué observar?
2. ¿Cuándo observar?
3. ¿Con qué observar?
4. ¿Dónde observar?
5. Recogida de datos y optimización.
6. Interpretación de los resultados.

A su vez, la observación se puede clasificar según:

- El lugar de ocurrencia:

  - Campo
  - Laboratorio

- La implicación física de quien lo realiza:

  - Directa
  - Indirecta

- El número de observadores:

  - Individual
  - Colectiva

- Los niveles de sistematización:

  - Sistemática
  - No sistemática

- El papel del observador:

  - Participante
  - No participante

A continuación, hay que detenerse un poco más en la clasificación de la observación según los niveles de sistematización.

Con la **observación sistemática** se recoge información para la investigación, mirando pero sin modificarlo, para examinarlo, interpretarlo y obtener conclusiones. Para ello, se utilizan distintos procedimientos, que pueden ser: muestreo de tiempo uno cero; muestreo de tiempo instantáneo; exploración; lista de rasgos, y escalas de estimación, puntuación o calificación (tipos: numérica, gráfica y descriptiva).

La **observación no sistemática** trata de conocer la realidad sin conocimiento previo para que no llegue a limitar los resultados y las conclusiones extraídas. Los procedimientos utilizados en este tipo de observación son:

■ Documentos personales-descriptivos (historia de vida, biografía, autobiografía, entrevista en profundidad, diarios, cuadernos de notas, etc.).
■ Registros narrativos (anecdotario, cartas, notas de campo, muestreo de tiempo, memorándum, etc.).
■ Registros mecánicos (pruebas fotográficas, audio o vídeo).
■ Otras técnicas (consulta de documentos, elaboración de mapas, comentario en vivo, etc.).

 Actividades

12. Realice un esquema de cómo se puede clasificar la observación.
13. Para el siguiente objetivo general, redacte tres objetivos estratégicos y señale sus indicadores:
   "Aprovechar adecuadamente el medio natural".

7.3. Evaluación de la actividad: análisis de datos

El análisis de datos consiste en investigar, eliminar datos sobrantes y transformarlos para resaltar la información válida del estudio. Con este análisis, se pueden extraer conclusiones y además ayuda a la toma de decisiones.

Una forma de analizar los datos obtenidos es recurriendo al cuadro de mandos del proyecto y comprobar si los indicadores se han cumplido o no. Según esto, tanto si se han alcanzado como si no, corresponde extraer conclusiones y los motivos, tanto positivos como negativos.

Se debe tener en cuenta si los datos son cuantitativos o cualitativos, ya que las técnicas para su análisis son distintas.

Datos cuantitativos

Cuando se quiere hacer un análisis de datos cuantitativos se suele pensar en procedimientos estadísticos, ya que permiten hacer diversos cálculos y pruebas estadísticas. En la fase de la evaluación número 5 (análisis de la información), no es suficiente con analizar los datos, presentar cuadros y describir lo que ocurrió. Además, se debe responder a preguntas del tipo ¿Qué significa la información? ¿Para qué es la interpretación de los datos? ¿Qué uso se le dará a los resultados?, etc. Por ello, se le deben dar significado y sentido a los números obtenidos. Los datos por sí solos no aportan nada y, por eso, se deben organizar. Lo más común para lograrlo son los análisis estadísticos, sin embargo existen técnicas matemáticas comunes que hacen más asequibles los datos de la evaluación.

Se pueden analizar los datos con:

- Estadísticas descriptivas: frecuencias, porcentajes, medidas de tendencia central (media, mediana y moda) y medidas de variabilidad (rango, varianza y desviación estándar).
- Estadísticas inferenciales: análisis de la varianza, chi cuadrado (prueba que puede utilizarse incluso con datos medibles en una escala nominal), correlación, regresión, análisis factorial, etc.

Datos cualitativos

Los datos cualitativos suelen proceder de entrevistas y observaciones. El investigador se encuentra con un gran volumen de datos y se debe extraer el significado relevante. En este proceso se distinguen dos momentos, el analítico (qué y cómo ocurre) y el explicativo e interpretativo (por qué ocurre y de qué forma).

Según Vázquez M. L. (2006), "el análisis cualitativo consiste en ordenar, clasificar, reducir, comparar y dar significado a los datos obtenidos".

Para el análisis de estos datos cualitativos se distinguen dos maneras distintas:

- **Análisis narrativo del contenido.** Consiste en analizar los contenidos expresados de forma directa e interpretar su significado.
- **Análisis del discurso.** Trata de buscar el significado o motivación subyacente.

A continuación, se muestra una tabla que resume el proceso de análisis de los datos cualitativos:

Resumen del proceso de análisis de los datos cualitativos
1. Grabar los datos:
- Tomar notas, vídeo, grabadora, fotografía.
2. Escuchar y escribir la información.
3. Leer y organizar los datos:
- Numerando, clasificando.
- Haciendo comentarios en los márgenes.
4. Analizar los contenidos: construcción de categorías. Identificar las categorías.
- Buscar la información relativa a cada categoría.
- Identificación de los diversos aspectos referentes a las categorías (subcategorías).
- Escribir resúmenes.
- Identificar ejemplos («citas»), frecuentes/excepciones.

Continúa en página siguiente >>

<< Viene de página anterior

Resumen del proceso de análisis de los datos cualitativos

5. Describir los resultados:

- Semejanzas.
- Diferencias.

6. Interpretar los resultados: generación de teoría.

- Temas.
- Individuos (estudios de caso).

Fuente: Vázquez (2006), Introducción a las técnicas cualitativas de investigación aplicadas a la salud

 Ejemplo

A continuación, se va a presentar un objetivo general de un centro deportivo que ha creado un proyecto de animación deportiva a nivel local, el cual ha sido solicitado por el Ayuntamiento de una localidad de 20.500 habitantes, para implantarlo durante 2 años.

OBJETIVO GENERAL	"Promover la práctica regular de actividad física y deportiva a nivel local, logrando que el deporte y la recreación sean asumidos como un estilo de vida de calidad"		
Objetivos estratégicos	Indicadores	Año 1	Año 2
Elaborar un plan deportivo-recreativo en diferentes ámbitos sociales	Plan elaborado	1	1
Desarrollar un programa deportivo-recreativo	Participantes a nivel local	3.000	5.000
	Participantes a nivel comarcal	1.000	1.500
	Participantes a nivel provincial	800	1.000

Continúa en página siguiente >>

<< Viene de página anterior

OBJETIVO GENERAL	"Promover la práctica regular de actividad física y deportiva a nivel local, logrando que el deporte y la recreación sean asumidos como un estilo de vida de calidad"		
Objetivos estratégicos	Indicadores	Año 1	Año 2
Desarrollar un programa deportivo-recreativo en el ámbito escolar	Participantes en juegos escolares locales	600	800
	Participantes en JE comarcales	400	650
	Participantes en JE provinciales	300	500
Suscribir a convenios a centros deportivos, asociaciones de vecinos, centros escolares y clubes deportivos	Número de convenios suscritos	15	30

Recuerde que esto es un ejemplo de cómo se puede hacer, y que ni los objetivos estratégicos ni los indicadores tienen por qué coincidir. La respuesta es abierta dependiendo de los objetivos generales y del enfoque que se le dé al proyecto.

8. Aplicación de las normas y medidas de seguridad y prevención en el desarrollo de eventos en el ámbito del *fitness*

Durante el desarrollo de los eventos se debe evitar que ocurran accidentes. Se está realizando una actividad física y alguna persona puede resultar lesionada. Así, para que se pueda realizar tal evento es necesario que se cumplan una serie de requisitos que proporcionen unas condiciones de seguridad adecuadas.

Es obligatorio por parte de la organización del evento el velar por la seguridad y sostenibilidad del evento, tanto de los trabajadores implicados como de los participantes.

Dentro de este apartado se van a tratar dos elementos principalmente: el control de las contingencias y las medidas de intervención.

8.1. Control de contingencias

Para prevenir accidentes en los eventos deportivos es necesario contar con plan de contingencia. Por **contingencia** se entiende la posibilidad de que algo suceda o no suceda, No se tiene la certeza de que vaya a pasar, pero se puede dar una circunstancia dentro del evento de manera espontánea e imprevista.

Gracias a este plan, se consiguen coordinar y prevenir a todos los departamentos de forma rápida ante cualquier accidente que pueda ocurrir.

Algunos de los factores que se deben tener en cuenta para un plan de contingencia son los siguientes:

- **Densidad de ocupación del evento:** variará mucho el plan de acción de contingencia dependiendo del evento, ya que no es igual un evento a pequeña escala (ej: *master class* de *ciclo indoor)* que uno de gran magnitud (ej: competición nacional de natación por equipos).
- **Características de los participantes:** los factores relacionados con los usuarios pueden depender de: la edad, el género, si son discapacitados o poseen algún tipo de deficiencia, el entorno social-económico, si dominan la actividad a realizar, etc.
- **Existencia de personas ajenas al evento:** se debe tener presente si al evento van asistir espectadores, ya que en caso de accidente también hay que tenerlos en cuenta para evitar futuros riesgos.
- **Condiciones de seguridad del lugar del evento:** es muy importante la prevención, hay que tenerla muy presente. Se deben establecer medidas de seguridad para prevenir posibles contingencias.

Los cincos pasos básicos para elaborar un plan de contingencia, según la empresa ACHS, son:

1. Analizar amenazas y riesgos.
2. Evaluar los recursos.
3. Definir acciones y grupos de apoyo.
4. Diseño de un plan de emergencia.
5. Difusión y evaluación.

8.2. Medidas de intervención

En todo evento se debe garantizar la seguridad, esto es esencial para que tenga éxito. A la vez, se han de tener en cuenta los factores del plan de contingencia.

El personal responsable del evento deberá conocer en todo momento cuáles son las medidas de intervención que se deben llevar a cabo. Para ello, será necesario crear un protocolo de actuación.

Cada vez que se produzca un accidente y se tengan que aplicar los primeros auxilios, será necesario actuar a través del protocolo de actuación, el cual sea fácil y sencillo de recordar. A esto se le debe sumar que todo el personal debe tener conocimientos sobre primeros auxilios para poder aplicarlos en caso de que sea necesario. De esta manera, se conseguirán desarrollar unas medidas de intervención que permitan realizar la acción de manera correcta y eficaz.

Estas pautas de actuación se resumen en las siglas PAS:

P = Proteger   A = Alertar   S = Socorrer

Son las fases que se deben seguir ante cualquier situación en la haya personas accidentadas.

Las medidas de intervención se van a clasificar cuatro apartados. Estos son los siguientes:

- **De vigilancia:** la prevención es una tarea que todos los organizadores deben tener en cuenta, a través de la cual se evitan situaciones de riesgo. Se debe estar en los lugares adecuados y cumplir las normas de seguridad.

- **De comunicación:** en el caso de que sea necesario, se debe avisar a los servicios públicos de emergencia (112, 061, Policía, Bomberos, etc.). Lo puede realizar uno mismo o a través de terceras personas, lo importante es hacer llegar la información, para así poder actuar con rapidez y eficacia.
- **De traslado:** una vez que los equipos sanitarios lleguen al lugar del accidente, estos realizarán su valoración y control de la situación, y serán ellos los encargados de tomar las decisiones. Estos determinarán si es necesario el traslado hacia un centro médico o no.
- **De evacuación:** la evacuación consistirá en trasladar a los posibles accidentados. Estos serán evacuados al centro médico más cercano. Se deberá realizar de forma sencilla, rápida y en las mejores condiciones.

Seguridad en eventos deportivos (© Fotografía: Warrenski Vía Flickr - CC BY)

Todas estas actuaciones estarán encuadradas dentro del plan de contingencias, resaltando las dos finalidades básicas:

- Prever y prevenir cualquier suceso no deseable que atente contra la seguridad de las personas y bienes materiales.
- Actuar ante el siniestro en el caso de que se produzca, neutralizándolo en el mínimo tiempo posible y reduciendo sus competencias.

Actividades

14. Busque diferentes planes de emergencia de diferentes ámbitos de actuación.

Ejemplo

Suponga que usted es el encargado de velar por la seguridad del evento, y durante el desarrollo del mismo se produce un accidente, en el cual a una persona le da una pérdida repentina de la conciencia, una bajada de azúcar. ¿Cuáles serían las pautas de actuación a seguir? Desarróllelas.

Las pautas de actuación a seguir son las siguientes:

▌ Proteger: en esta situación, la persona accidentada se encontrará mal, temblorosa, pálida y con sudor frio. Seguramente la persona se mareará. Se debe proteger el lugar del accidente para prevenir el agravamiento de este o que se produzca uno nuevo, y que las consecuencias originadas por el accidente no empeoren. Se debe colocar tumbado boca-arriba con las piernas elevadas. Si ha estado al sol, colocarlo a la sombra y bien ventilado. Por lo tanto, antes de actuar, hay que proteger al accidentado y a uno mismo.
▌ Alertar: la persona encargada de la seguridad del evento es la primera que debe aportar ayuda al accidentado. Aquí se pueden dar dos casos: que la persona recupere o no la conciencia.

  ▌ Si la recupera: tranquilizar a la persona y darle algo de líquido azucarado. Y si es del sol, colocarle paños fríos alrededor de su cuerpo.
  ▌ Que no la recupera: no dar de beber ni de comer. Se alerta a los servicios de socorro y previenen situaciones de riesgo que puedan agravar la situación.

▌ Socorrer: hay que actuar rápidamente, pero siempre manteniendo la calma. Es una acción que requiere mucha responsabilidad e implicar tener conocimientos y estar preparado para ayudar, mientras se espera al personal sanitario si es de necesidad. Se debe realizar una exploración básica sobre el herido y recopilar la máxima información posible. Es decir, se le debe girar la cabeza para que no se asfixie, vigilar la respiración y el pulso, y no dar bebidas ni comidas.

9. Resumen

Un factor a tener en cuenta dentro de los eventos de *fitness* seco y acuático es la promoción. Se debe actuar en función de un objetivo, utilizando los canales, los medios y todo lo que esté en la mano para poder darle, tanto a los participantes como a los usuarios, la mayor información posible acerca del evento que se ha organizado.

Y para poder realizar los eventos que se han planificado, diseñado y construido es importante contar con unas instalaciones acordes al evento. Dependiendo de la magnitud del evento, primará un tipo u otro. Según interese, habrá que centrarse en espacios públicos, como plazas, parques, etc., para los que se tendrán que pedir los permisos pertinentes, así como en eventos programados en el interior o exterior del centro deportivo y gimnasio o piscina interior o exterior.

Dentro de los eventos deportivos, es necesario diseñar un área de trabajo. Se deberá realizar un proceso de selección para los puestos que se consideren necesarios. A su vez, hay que tener en cuenta que se deben distribuir adecuadamente los espacios y prever las vías de circulación de materiales y personas, y coordinar todos los medios, esfuerzos y materiales, para una acción común, que es el éxito del evento.

En todo evento es necesario la prevención y la seguridad, realizando unas medidas de intervención, a través de las cuales se haga que el equipo de trabajo este informado y preparado para cualquier tipo de emergencia que se pueda dar durante el desarrollo del evento.

Todo lo anteriormente expuesto se debe llevar a cabo con una metodología de trabajo, a través de la cual evaluarán los eventos deportivos y analizarán los datos de todo el proceso que se ha llevado cabo, con el objetivo de sacar una conclusión, y que ayude en la planificación, diseño y construcción de futuros eventos.

Es importante que en la creación de los eventos, ya sea en seco como acuáticos, debe primar la satisfacción de los clientes, y de ella dependerá el éxito de los eventos.

Ejercicios de repaso y autoevaluación

1. **El objetivo global de la promoción es:**

    a. Dirigir un programa.
    b. Influir en el comportamiento.
    c. Dar calidad de servicio.
    d. Capacitar a los trabajadores.

2. **Los objetivos específicos de la promoción son:**

    a. Informar y controlar.
    b. Informar, persuadir y controlar.
    c. Determinar, controlar y categorizar.
    d. Informar, persuadir y recordar.

3. **Conteste según proceda:**

    a. Dentro de la prensa escrita es posible encontrarse con diarios y revistas.

        ☐ Verdadero
        ☐ Falso

    b. Una ventaja de difundir la información a través de las nuevas tecnologías es la implicación de los usuarios.

        ☐ Verdadero
        ☐ Falso

    c. La radio tiene un alto coste de difusión.

        ☐ Verdadero
        ☐ Falso

d. Dentro del seguimiento de los eventos deportivos, se debería realizar un análisis de la eficiencia comparativa.

☐ Verdadero
☐ Falso

e. Un cuestionario es una guía que permite reflexionar scbre el nivel de satisfacción personal del evento deportivo.

☐ Verdadero
☐ Falso

4. **Para evitar accidentes se deben seguir criterios preventivos básicos que se distinguen según tres zonas. Elija la respuesta incorrecta.**

a. Pasillos y superficies de tránsito.
b. Alrededores.
c. Espacios de trabajo.
d. Escaleras.

5. **Cuando se habla de sostenibilidad, se hace en base a tres aspectos. Señale cuáles son:**

_____

_____

6. **¿Entre qué modelos en la selección técnica de personal distingue Schein?**

a. Modelo de selección y modelo técnico.
b. Modelo se selección, modelo de clasificación y modelo de la organización.
c. Modelo técnico y modelo de clasificación.
d. Modelo de selección, modelo de clasificación y modelo orgánico.

7. **Rellene los huecos:**

En el ámbito del *fitness* son muy habituales, en el proceso de selección de personal, las _____ _____ _____, para evaluar la capacidad de _____ _____ y cooperación con los futuros compañeros de trabajo. También se recurre a pequeñas _____ en las que se demuestran las _____ específicas del puesto de trabajo.

8. **¿Cómo clasifica Bravo las actividades recreativas?**

_____

_____

_____

_____

9. **Una de las funciones principales del dinamizador es:**

   a. Elegir bien el repertorio musical.
   b. Coordinar a los distintos instructores.
   c. La empatía con los participantes.
   d. Vender ropa deportiva de la marca que lo patrocina.

10. **¿A qué corresponde la siguiente definición: "... es el acto a través del cual las personas encargadas del evento ponen en marcha todo lo organizado y planeado anteriormente"?**

    a. Representación
    b. Puesta en marcha
    c. Preparación
    d. Ejecución

11. **¿En función de qué parámetros existen distintos tipos de evaluación?**

_____

_____

_____

_____

12. ¿Cómo puede ser la evaluación?

    a. Sistemática y no sistemática.
    b. Directa e indirecta.
    c. Grupal y personal.
    d. Las opciones a y b son correctas.

13. Seleccione la opción incorrecta de las técnicas utilizadas para analizar datos cuantitativos:

    a. Porcentajes.
    b. Análisis factorial.
    c. Análisis del discurso.
    d. Medidas de variabilidad.

14. Nombre los factores que se deben tener en cuenta para un plan de contingencia:

_____

_____

_____

_____

15. ¿Qué significa PAS?

    P_____, A_____ y S_____

Bibliografía

Monografías

ACOSTA, R.: *Gestión y administración de las organizaciones deportivas*. Barcelona: Paidotribo, 2019.

AÑÓ Sanz, V.: *Organización de eventos y competiciones deportivas*. Valencia: Universitat de Valencia. Servei de Publicacions, 2011.

AÑÓ Sanz, V.: *Organización y gestión de actividades deportivas: los grandes eventos*. Barcelona: INDE, 2003.

ATKO, V, ATKO, M.: *Análisis y control del rendimiento deportivo*. Barcelona: Paidotribo, 2003.

AYORA, D, GARCÍA, E.: *Organización de Eventos Deportivos*. INDE. Barcelona, 2004.

COHEN, E, ROLANDO, F.: *Evaluación de proyectos sociales*. Madrid: Siglo Veintiuno de España Editores, S. A., 2006.

DESBORDES, M, FALGOUX, J.: *Gestión y organización de un evento deportivo*. Barcelona: INDE, 2006.

DIEGUEZ, J.: *Entrenamiento funcional en programas de fitness. Volumen I*. Barcelona: INDE, 2007.

ESCUDERO, M, GABÍN, M.: *Empresa y administración*. Madrid: Ediciones Paraninfo S. A., 2020.

❚ GARCÍA, S, GARCÍA, E.: *Los recursos humanos aplicados a la gestión deportiva.* Barcelona: INDE, 2007.

❚ MARTÍNEZ, M.: *La gestión empresarial.* Madrid: Ediciones Díaz Santos, S. A., 2013.

❚ MATILLA, K.: *Conceptos fundamentales en la Planificación Estratégica de las Relaciones Públicas.* Barcelona: UOC, 2009.

❚ MESTRE, J.: *Planificación deportiva: teoría y práctica.* Barcelona: INDE, 2004.

❚ PARÍS Roche, F.: *La Planificación Estratégica en las Organizaciones Deportivas.* Barcelona: Paidotribo, 2007.

❚ PARÍS Roche, F.: *Planificación estratégica en entidades, instalaciones y organizaciones deportivas.* Granada: Máster en Dirección de Ertidades e Instalaciones Deportivas. Módulo 2: La planificación estratégica, 2009.

❚ ROCHE, F. P.: *La planificación estratégica en las organizaciones deportivas.* Barcelona: Editorial Paidotribo, 2007.

❚ SAINZ, J.: *El plan estratégico en la práctica.* Madrid: ESIC, 2017.

❚ SÁNCHEZ, J.: *Business & Fitness: El negocio de los centros deportivos.* Barcelona: UOC, 2011.

❚ SÁNCHEZ Sáez, J. A.: *Eventos deportivos socialmente responsables: Una vía sostenible de gestión.* SIGNUM: Revista Internacional de Investigación en Eventos, Protocolo y Relaciones Institucionales, 2022.

❚ SICILIA, A., ÁGUILA, C., ORTA, A. y MUYOR, J.: *Perfil del usuario de centros deportivos.* Almería: Universidad de Almería, 2008.

Textos electrónicos, bases de datos y programas informáticos

▌Estructura del Deporte Español. Evolución y Síntesis, de: <http://www.csd.gob.es>.

▌*International Federation of Bodybuilding and Fitness,* de: <http://www.ifbb.com/>.

▌Federación Española de Aerobic y Fitness, de: <http://www.feda.net/>.

▌Evento deportivo-recreativo: "Juega desde la antigüedad hasta el futuro", de: <http://www.efdeportes.com>.

▌La planificación en la organización de eventos deportivos, de: <http://www.iesport.es>.

▌Los eventos deportivos: concepto, historia, características, implicaciones y tipos, de: <http://www.efdeportes.com>.

▌La administración en empresas, de: <http://www.monografias.com>.

▌Cómo elaborar un plan de emergencia básico, de: <http://www.achs.cl>.

▌El Proceso Administrativo, de: <http://www.promonegocios.net>.

▌Cómo dinamizar un evento I y II, de: <http://unitelements.com>.